LES GLUANTS DE L'ESPACE

VOTRE PASSEPEUR POUR UN HORRIBLE CAUCHEMAR

LES GLUANTS DE L'ESPACE

Texte et illustrations
de
Richard Petit

Les presses d'or

Isbn : 1552250326.

Dépôt légal 2e trimestre 1998.
Imprimé au Canada.
Bibliothèque nationale du Québec
Bibliothèque nationale du Canada

TOI!

Tu fais maintenant partie de la bande des

TÉMÉRAIRES DE L'HORREUR.

OUI! Et c'est TOI qui as le rôle principal dans ce livre où tu auras plus à faire que de tout simplement... LIRE. En effet, tu devras déterminer le dénouement de l'histoire en choisissant parmi les numéros suggérés afin, peut-être, d'éviter de basculer dans des pièges terribles ou de rencontrer des monstres horrifiants...

Aussi, au cours de ton aventure, lorsque tu feras face à certains dangers, tu auras à **TOURNER LES PAGES DU DESTIN...** ce qui consiste à faire glisser ton pouce sur le côté du livre en faisant tourner les feuilles rapidement pour t'arrêter au hasard sur une page et lire le sort qui t'est réservé.

Lorsqu'on te demandera de TOURNER LES PAGES DU DESTIN, tu choisiras, selon le cas, le pictogramme qui concerne l'événement, par exemple :

Si tu arrives devant une porte :

ce pictogramme représente une porte verrouillée ;

celui-ci représente une porte déverrouillée.

Est-ce que tu as réussi à fuir?

Ce pictogramme signifie que tu as réussi à fuir ;

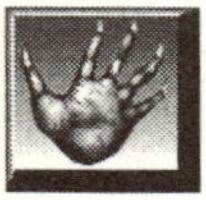
celui-ci signifie que tu as été attrapé.

S'il y a des monstres :

Ce pictogramme veut dire qu'ils t'ont vu ;

celui-ci signifie qu'ils ne t'ont pas vu.

Les Soucoupiens ou les robots t'ont-ils atteint avec leurs pistolets laser?

Ce pictogramme signifie que tu as été touché ;

celui-ci veut dire que tu n'as pas été atteint.

De plus, à certains moments de l'histoire, il te faudra résoudre certains mystères afin de continuer ton aventure.

Maintenant, tu es prêt! Ton aventure commence au chapitre 1. Et n'oublie pas : une seule finale te permet de terminer ***Les Gluants de l'espace***.

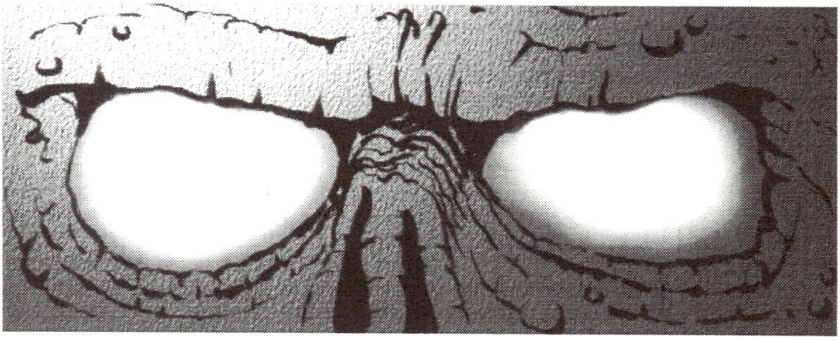

1

C'EST INCROYABLE! Il n'y a jamais eu autant de gens dans le gym de l'école pour vous regarder jouer au basket.

Il faut dire qu'habituellement les parties entre élèves ne suscitent pas toujours beaucoup d'intérêt. Cette fois-ci, c'est le contraire, l'année scolaire se termine et c'est la grande finale. Les perdants de ce match seront hués jusqu'à ce que les spectateurs en perdent la voix. Les vainqueurs, eux, en plus du vieux trophée que tous les membres de l'équipe emporteront à tour de rôle chez eux, auront l'honneur de devenir... LES STARS DU PARC.

Tu essaies de t'imaginer en STAR DU PARC. Comme tous les autres jeunes du quartier, tu en rêves. Imagine... Pour tout l'été, en plus de toujours avoir la première place dans les estrades du terrain de soccer pour les parties importantes, tu pourrais passer devant toute la file pour sauter du tremplin de la piscine. Aussi, tu aurais la priorité absolue sur le terrain de baseball et de tennis, quand tu veux et quand ça te dit... WOW!

Mais ça s'annonce mal. Vous tirez de l'arrière par deux points, et il ne reste que 4 secondes au

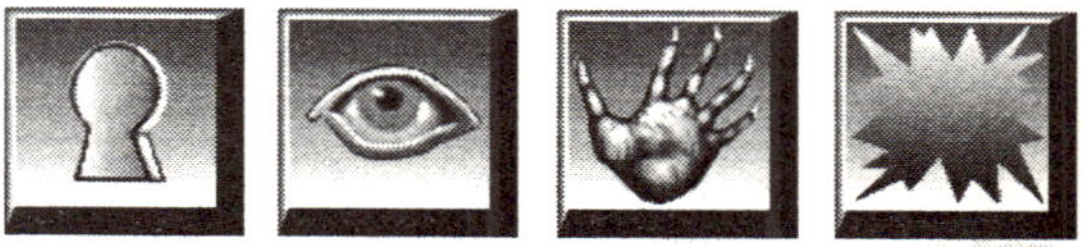

tableau indicateur...4 SECONDES! Tu es en possession du ballon. Devant toi, te barrant la route, se dresse MÉGA Louis, le matamore de l'équipe adverse. Un rouquin, plus grand que toi d'une quinzaine de centimètres avec un gros bouton juste sur le bout du nez, TU ES PRIS DANS VOTRE ZONE!

Impossible de tenter de marquer de cette distance, le panier est trop loin. Tu regardes à nouveau le tableau indicateur, il affiche 3 secondes. Dans ta bouche, tu sens déjà le goût amer de la défaite.

Mais alors que tout semble perdu, **POP!** tu te rappelles que tu as comme coéquipier Alien Bizarroïde, l'athlète par excellence de l'école, «MONSIEUR RÉUISSITOUT», comme tout le monde l'appelle. Tu regardes à ta droite, un peu en arrière : il est bien là, «à 4 heures», comme dirait un pilote de F-18 en plein combat. Et comme toujours, il est en parfaite position pour recevoir une passe. TU LUI LANCES LE BALLON...

Alien l'attrape et jette un coup d'oeil au tableau... 2 SECONDES! Tu retiens ton souffle. Il lance le ballon par terre une fois TOP! puis il le rattrape. IL RESTE 1 SECONDE. Le ballon quitte ses mains en direction du panier...

La sirène de la fin de la partie se fait entendre. **OOOOUUUUU!** Ensuite, un silence de mort s'installe dans la foule. Alien, comme un hypnotiseur, fixe de ses yeux arrondis le ballon qui s'approche du panier **SHOOOOUUUUU!** Le ballon frappe l'anneau du panier, **BOUM!** tourne dangereusement quelques tours, s'arrête et... TOMBE DANS LE FILET SOUS LES HOURRAS DE LA FOULE!

VOUS REMPORTEZ LA PARTIE!

Tes deux copains de la bande des Téméraires de l'horreur, Marjorie et Jean-Christophe, sont dans les estrades et font la «vague» avec la foule. C'est plutôt ironique de voir Marjorie faire ça, elle qui déteste l'eau et qui ne sait même pas nager.

Tu sais parfaitement que, maintenant que tu es devenu STAR DU PARC, tes deux amis vont te taquiner à leur goût. Tu les vois déjà se pâmer devant toi pour imiter les groupies qui suivent partout les chanteurs des groupes pop.

Tu traverses le terrain en tapant dans la main de chacun des joueurs de ton équipe jusqu'à la sortie du gym. Là, Marjorie et Jean-Christophe t'attendent, sourire aux lèvres. Jean-Christophe, la main tendue vers toi, s'élance et **CLAP!** te frappe lui aussi dans la main, mais très fort.

«AÏE! t'écries-tu, ça fait mal... T'as pas eu ta leçon au musée Beautruc? Souviens-toi, tu as cassé le bras d'une statue en le frappant de la sorte, lui

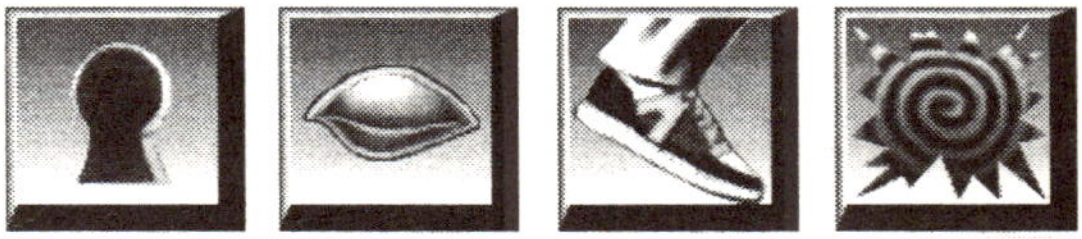

rappelles-tu en te frottant la paume de la main.

— Oups! Pardonne-moi! s'excuse-t-il. Comment puis-je oublier, mon père m'avait engueulé comme du poisson pourri.

— C'est sensass! reprend Marjorie, maintenant tu es comme une vedette de la télé.

— N'exagérons rien, lui réponds-tu, un peu gêné. Sans Alien, nous n'aurions jamais remporté la partie.»

Une fois dehors, vous enfourchez tous les trois vos bicyclettes. Dans les rues, il se fait tard. On n'y voit presque plus personne. À quelques pâtés de maisons, quelqu'un roule à vélo à l'ombre d'un mur, Jean-Christophe reconnaît la silhouette familière...

«C'EST ALIEN BIZARROÏDE! crie-t-il. Il est vraiment trop timide, ce gars-là. Regardez-le déguerpir! On dirait qu'il est toujours en train de fuir quelqu'un ou quelque chose!»

À l'extrémité de la rue, Alien tourne le guidon de sa bicyclette pour s'engouffrer sur le boulevard Mort aux dents. Soudain, il se met à zigzaguer dangereusement entre les lampadaires jusqu'à ce que **BING! SCRITCH! BANG!** sous vos yeux, il tombe de sa bicyclette dans une série de culbutes magistrales.

Vous arrivez en trombe près de lui.

«Alien! T'es blessé? Tu as mal?» lui demande Marjorie en lui frottant le derrière de la tête.

Tu t'approches de lui. À côté de sa bicyclette

complètement tordue, Alien est assis sur le trottoir. Tout pâle, il tient entre ses mains son genou horriblement éraflé d'où s'écoule du sang... DU SANG VERT!

Qu'est-ce que ça veut dire?

Rendez-vous au chapitre 5.

2

La nuit approche. Les chiens du quartier se mettent à hurler à la lune.

WOOOOUUH! WOOOUUH!

Vous semblez être seuls près de l'arbre tordu au sommet duquel est juchée la vieille cabane en bois d'Alien. Des planches clouées sur le tronc conduisent à une petite porte percée dans le plancher.

«Il est vraiment chanceux, Alien! dis-tu à tes amis. Avec une cachette comme celle-là, il peut faire un tas de trucs, comme espionner le voisinage sans être vu.

— Moi je trouve que sa cabane ressemble à une maison hantée perchée sur un haut pic rocheux, dit

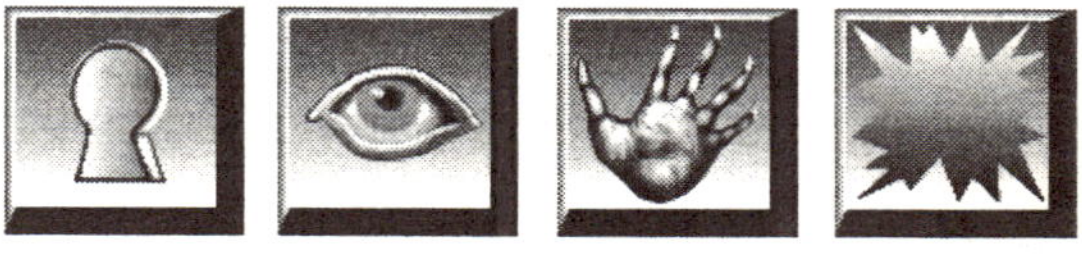

Jean-Christophe. Ça ne me dit rien qui vaille, soyons prudents!

— Prudents mon oeil! fais-tu. Allez, on grimpe! ajoutes-tu en posant la main sur une des planches.

— Non! j'y vais la première! insiste Marjorie. MOI! MOI! crie-t-elle en te poussant la main.

— Pourquoi irais-tu la première? Non, mais tu te prends pour qui, protestes-tu, Estelle la Lady de Monaco?

— TU SAIS QUE JE DÉTESTE QUE TU M'APPELLES COMME ÇA! hurle-t-elle.

— ESTELLE! ESTELLE, la nargues-tu.

— ARRÊTEZ, VOUS DEUX! crie Jean-Christophe. La trappe de la cabane vient de s'ouvrir...»

Vous plongez derrière la clôture du jardin. Une odeur d'oeufs pourris te monte aux narines. POUAH! fais-tu. Puis, une silhouette d'allure vraiment curieuse descend chacune des planches et pose ce qui ressemble vaguement à des tentacules sur le sol.

La silhouette tourne la tête et braque ses neuf yeux... VERS VOUS. C'est une créature horrible! On dirait une gigantesque grenouille mutante. Les secondes passent, puis les minutes. Tu demeures accroupi, tes muscles commencent à s'engourdir et tes mains deviennent moites. VOUS VERRA-T-ELLE?

Pour le savoir, TOURNE LES PAGES DU DESTIN.

Si la créature vous a vus, rassemblez votre courage et allez au chapitre 17.

Si, par chance, elle ne vous a pas vus, malgré ses neuf yeux, fuyez au chapitre 47.

3

IL VOUS A VUS!

Tu te recroquevilles dans la pénombre. Le père d'Alien tend les bras et saisit tes amis pour les tirer hors de la boîte de la camionnette et les entraîner dans la maison.

Tu te dis que tu ne peux pas rester là comme un âne et ne rien faire. Tu te lances vers la maison, mais tu te butes à la porte d'entrée qui est verrouillée. Tu recules d'un pas. Par les fenêtres, tu peux voir dans leur étrange maison toutes sortes d'ombres lugubres et inquiétantes. Cette grande baraque écrasée par un astronef semble tenir

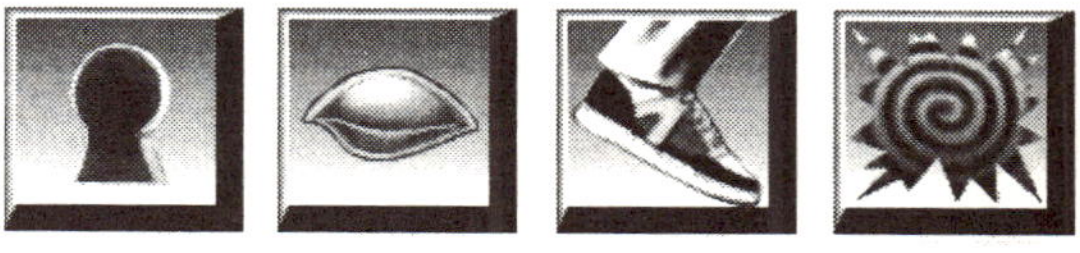

debout par miracle. Rongée par le temps, elle a tout d'une maison abandonnée.

Observe bien chaque détail de cette illustration et rends-toi ensuite au chapitre 55.

4

CRRRIIIOOOUUK!

La porte s'ouvre d'elle-même en grinçant. Il fait très noir.

«Ta lampe! te murmure Marjorie. Où est ta lampe?»

Tu fouilles au fond de ta poche, sors ta lampe et pousse le petit bouton... Rien! Elle ne fonctionne plus.

«C'est bizarre! lui dis-tu, j'avais pourtant mis des piles neuves.

— J'ai peut-être une explication à cela, ajoute Jean-Christophe. Avant d'entrer dans la maison, j'ai jeté un coup d'oeil à ma montre et elle s'était arrêtée. Je crois que cet astronef écrasé sur le toit est en état de voler, car son réacteur plutonique dégage un champ magnétique qui neutralise tout autour de lui.»

Vous continuez d'avancer en tâtonnant le long des murs du vestibule sans toutefois pouvoir retrouver l'autre porte. Une toile d'araignée te colle au visage. OUACHE!

En déplaçant le tapis, vous remarquez qu'un filet de lumière filtre d'une ouverture à abattant pratiquée dans le plancher. Tu écartes le tapis et tu ouvres la trappe. Une échelle de métal descend jusqu'au sous-sol.

«Y'a de la lumière en bas, leur dis-tu. On y va...»

Vous descendez l'échelle jusqu'au chapitre 8.

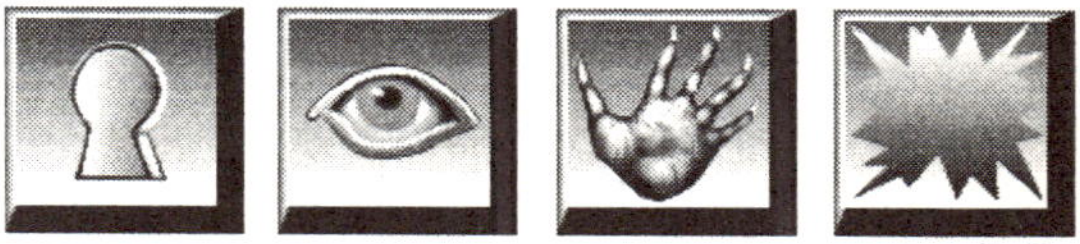

5

Vous vous regardez tous les trois, ÉBERLUÉS. Alien se lève rapidement et s'enfuit en titubant.

«C'est pas normal ça, lances-tu. R.U.C. immédiatement...»

R.U.C., pour les Téméraires de l'horreur, est un code qui ne s'utilise que dans les situations extrêmement graves et qui veut dire «RÉUNION URGENTE AU CLUB».

Tourmentés par mille questions, vous vous dirigez vers la maison du jardin qui vous sert de club depuis le soir où tu as tenté de rapporter dans ta chambre des bandelettes de momie. Ta mère avait piqué une sainte colère et elle vous avait fait déménager tout votre bazar de trucs horribles et répugnants dans cette vieille remise. Transformée en petit bureau, elle vous permet de mieux préparer vos enquêtes lorsque quelque chose de vraiment étrange et mystérieux se produit dans le quartier Outremonstre.

«Je savais que ce garçon cachait un terrible secret, s'exclame Marjorie en feuilletant les pages de *l'Enclyclopédie noire de l'épouvante.* Du sang vert, c'est pas normal. Tenez, regardez, c'est bien écrit ici, noir sur rouge, il n'y a rien sur terre qui porte dans ses veines du sang de couleur verte... RIEN! Tu crois qu'Alien est une sorte de mutant? demande-t-elle à son frère Jean-Christophe.

— Peut-être que oui, peut-être que non, murmure-t-il, le nez enfoui dans un autre bouquin, en quête du moindre indice.

— Laissez vos livres! Je doute que vous y trouviez quoi que ce soit, leur dis-tu. J'crois plutôt que les Téméraires de l'horreur devraient rendre une petite visite à la famille Bizarroïde... Il nous sera facile d'entrer. Comme il est mon voisin, il nous suffira d'escalader la remise afin de traverser la haute clôture qui nous empêche de voir sa maison.»

Dehors, le manteau sombre du soir couvre déjà tout l'horizon. Tu tournes la tête d'un côté puis de l'autre dans ce ciel parsemé de nuages et d'étoiles.

«Tu cherches quoi, là? te demande Jean-Christophe.

— La lune! lui réponds-tu. Elle est notre porte-bonheur. T'as pas remarqué, mais elle est toujours là, éclairant les recoins les plus sombres de chacune de nos aventures. Tiens, la voilà! Elle était cachée par ce nuage...

— UN PORTE-BONHEUR? Tu vas l'accrocher à ton porte-clés? te demande Marjorie d'un ton moqueur.

— GROSSE NOUILLE! lui lances-tu en posant le pied entre les planches de la remise pour monter sur le toit.

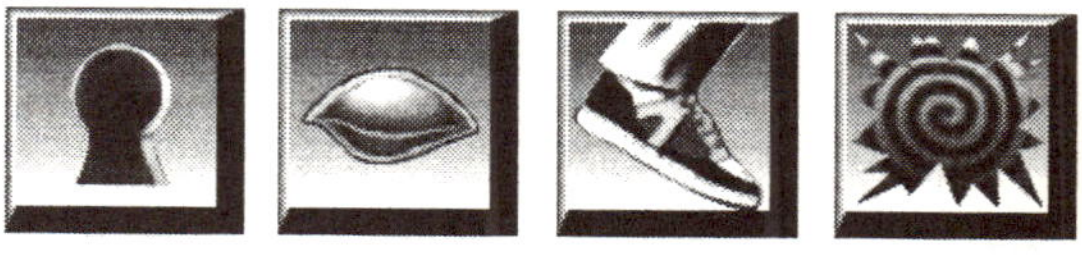

— GROSSE NOUILLE? s'écrie-t-elle, tu exagères! Je suis peut-être "nouille", mais grosse... ÇA JAMAIS!»

Tel que prévu, la traversée de la clôture se fait sans encombre. À l'intérieur, vous êtes tous étonnés de découvrir que l'endroit a des allures de paysage lunaire et qu'une espèce d'astronef semble s'être écrasée sur la maison des Bizarroïde. On dirait un vaisseau cosmique provenant d'un futur lointain comme on en voit si souvent dans les films de... SCIENCE- FICTION!

Un bruit sourd de machinerie brise le silence angoissant qui règne. **ZUUUM! ZUUUUUM!**

Cherche le chapitre 10.

6

Vous marchez à pas mesurés dans le sentier. Un peu plus loin, une pancarte faite d'une matière inconnue vous arrête : «ENTRÉE INTERDITE, SOUS PEINE D'ÊTRE ZAPILISÉ.»

«N'y allons pas, suggère fortement Marjorie. Je ne veux pas finir zapilisée...

— Pourquoi? lui demande son frère. Tu sais ce que ça veut dire, toi, "zapiliser"?

— Je n'en ai aucune idée, lui répond-t-elle.

Mais ça doit sûrement être douloureux. Peut-être même que ça pourrait me décoiffer...

— Petite sotte! Cette pancarte est la preuve que nous sommes bel et bien dans le bon sentier, lui fais-tu remarquer. Allons! ne soit pas trouillarde.»

Au loin, des lueurs dansent entre les arbres. Sur la pointe des pieds, oubliant la menace, vous avancez. Une étrange activité semble animer une grande clairière gardée par deux robots. Alien Bizarroïde est là, accompagné de son père et de sa mère. Il se dirige vers un des gardiens mécaniques. Il lui tend ce qui ressemble à un laissez-passer puis ils entrent tous les trois dans une cabine remplie d'une fumée jaunâtre pour en ressortir quelques secondes plus tard... TRANSFORMÉS!

OUI! transformés tous les trois en terrifiants monstres à tête énorme et à tentacules... EN SOUCOUPIENS!

Le visage de Marjorie blanchit...

«Tout est clair maintenant, dis-tu à tes amis. LES BIZARROÏDE SONT DE DANGEREUX EXTRA-TERRESTRES!

— Et cette cabine pleine de fumée est un modulateur corporel, continue Jean-Christophe. Cette machine transforme les Soucoupiens en humains. Ils peuvent de cette façon se mêler aux Terriens sans éveiller les soupçons.»

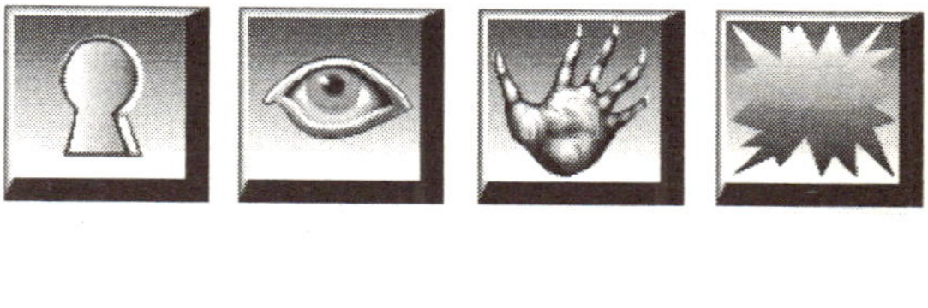

Vous rampez pour vous éloigner, et tu remarques que le plus grand des trois Soucoupiens braque directement dans votre direction... SES NEUF YEUX! Puis, en faisant claquer son tentacule, **CLAC!** comme les Terriens font claquer leurs doigts, il ordonne aux deux robots de vous capturer.

Les deux robots obéissent et partent aussitôt dans votre direction, pistolet- laser dégainé.

Vous êtes pourchassés jusqu'au chapitre 18.

7

Décidés à vous risquer dans le jardin potager, vous vous faufilez entre les rangées de terre où poussent de bien curieux légumes bleus. Tu n'as jamais rien vu de semblable. Certains sont poilus et d'autres semblent même avoir des yeux...

À pas prudents, vous avancez jusqu'à un petit abri métallique tout boulonné en forme de maison. Une chaîne soudée à la paroi serpente sur le gazon et disparaît dans l'ouverture pratiquée sur le devant. Tu réalises qu'il s'agit d'une niche. Sachant parfaitement qu'il n'y a pas de fumée sans feu, ou plutôt, DE NICHE SANS CHIEN... tu empoignes tes amis pour rebrousser chemin.

TROP TARD! Reximus, le chien de garde bio-mécanique des Bizarroïde, vous barre le chemin. La gueule grand ouverte, d'où dégouline de l'huile, vous menace de ses canines d'acier.

GGRRRR! GRRRRR!

Tu n'as même pas le temps de réaliser ce qui se passe que le gyrophare monté sur sa tête s'illumine et que des haut-parleurs se mettent à hurler : INTRUS! INTRUS! INTRUS!

Dans un furieux vacarme, **BROUM! BROUM!** deux robots brillants dévalent un escalier mécanique qui glisse hors de l'astronef écrasé sur la maison. Marjorie pousse un cri de terreur...

AAAAAAHHH!

Au pied de l'escalier, les deux robots stoppent

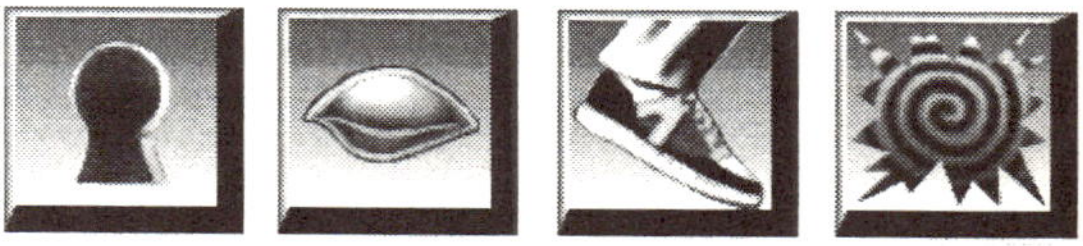

net. Sous l'ordre du plus petit robot , le plus grand tourne le commutateur et met son pistolet laser en mode «ZAPILISER» puis fait feu dans votre direction... ALLEZ-VOUS ÊTRE TOUCHÉS?

Pour le savoir, ferme les yeux et TOURNE LES PAGES DU DESTIN.

Si vous avez été touchés par son pistolet-laser, rendez-vous au chapitre 13.
Si, par chance, il ne vous a pas atteints, fuyez jusqu'au chapitre 20.

8

Vous vous retrouvez dans le sous-sol des Bizarroïde. Il est encombré de toutes sortes de boîtes de carton et de caisses en bois. Au fond, tu entrevois toutefois une porte coulissante faite de métal. Vous zigzaguez jusqu'au panneau de contrôle de la porte. Tu l'examines : il y a plusieurs boutons, des traces de griffe et une substance gélatineuse. On dirait... DE LA BAVE!

Pendant que tu examines le panneau, un grognement effroyable retentit GROOOOWW! et vous fait sursauter tous les trois.

«C'était quoi ça?» chuchote Marjorie, saisie de panique.

Tu te retournes et, sans bouger la tête, tu balaies du regard le soul-sol. Soudain, un craquement se fait entendre, CRAAAC! puis un tentacule tout gluant glisse hors d'une caisse. Vous vous regardez tous les trois, puis vous vous tournez vers le tableau de contrôle.

Pour presser un des boutons, regarde cette illustration et rends-toi au chapitre inscrit sur le bouton que tu auras choisi. RÉFLÉCHIS VITE! Un deuxième tentacule vient d'apparaître...

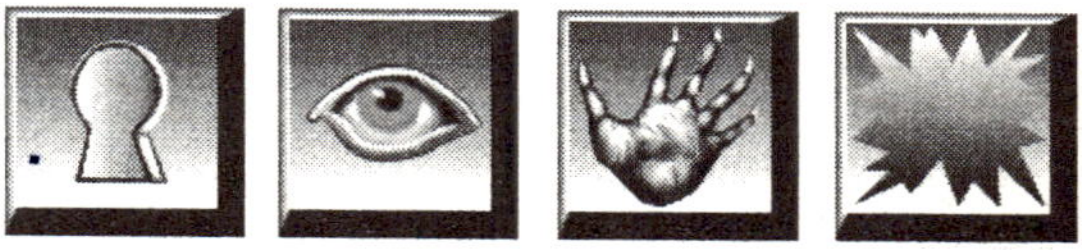

9

Vous entrez rapidement dans le garage en prenant bien soin de barrer la porte. **CHLIC!** Le tentacule couvert de pustules d'Alien vient frapper la fenêtre qui se brise **CRAC CLING!** Il le glisse entre les pointes de verre brisé jusqu'au loquet de la porte, qu'il arrache sans difficulté.

Vous poussez une grosse boîte devant la porte. Le tentacule s'enroule autour de ta cheville et te fait trébucher **BANG!** Tu tombes face contre terre. Étourdi, tu te sens traîné vers la porte. Tu secoues la tête un peu, puis tu essaies de t'agripper à quelque chose. Jean-Christophe t'attrape le bras et tire de toutes ses forces. Marjorie martelle de coups de pied le long bras gluant qui finit par lâcher prise.

Fou de rage, Alien fait voler la porte en éclats **BROOOUUUMM!** et apparaît sur le seuil entre les débris.

Dans le coin du garage, il y a un tas d'objets stockés pêle-mêle. Peut-être qu'en cherchant bien dans ce monceau de trucs bizarres, vous trouverez quelque chose qui pourrait vous aider...

Allez vite au chapitre 12, et cherchez bien...

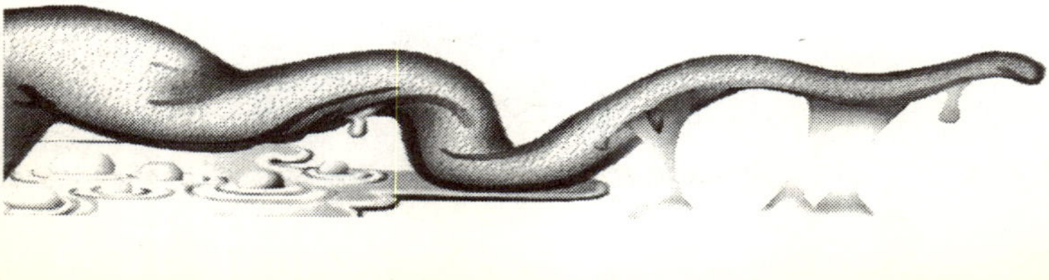

10

«Ok! maintenant, que nous y sommes, te murmure Marjorie, où allons-nous?»

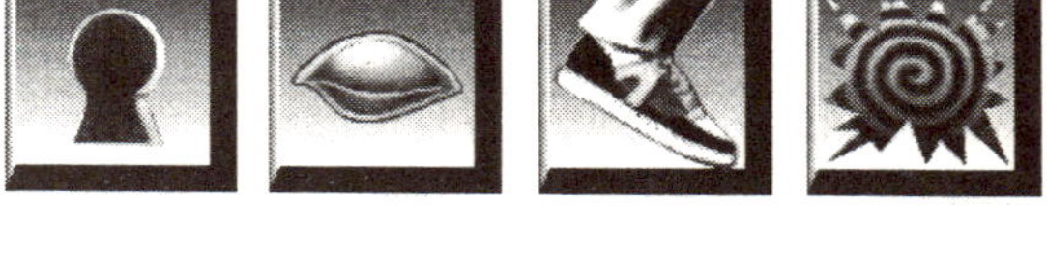

Observe bien cette illustration, et rendez-vous ensuite au chapitre indiqué sur la partie du domaine que vous voulez explorer...

11

Vous escaladez la coque de l'engin spatial en vous agrippant aux gros boulons de la coque. Arrivés à la hauteur de l'écoutille... vous êtes arrêtés par deux automates métalliques armés de canons-laser... DES ROBOTS!

«HUMAINS! ordonne l'un d'eux. Au nom des Soucoupiens, vos envahisseurs et futurs maîtres de votre planète la Terre, vous êtes maintenant nos prisonniers. Suivez-nous jusqu'à votre cellule...»

Mécontent de t'être fait prendre si vite, tu suis à contrecoeur les robots. Après avoir fait quelques pas, il te vient subitement une idée. Tu plonges la main dans ta poche et tu en sors ta mini-lampe...

«ÉCOUTEZ-MOI, espèce de poubelles sur roulettes, rugis-tu en brandissant ta lampe de façon menaçante. Savez-vous ce que je tiens dans ma main? C'est un proton boum boum ZZX à détonation rapide. J'appuie sur ce petit bouton et, croyez-moi, vous aurez besoin de beaucoup plus qu'un changement de batterie...

— Holà humain! Il est inutile de s'énerver,

supplient les robots. Nous ne pensions pas que votre technologie était si avancée. D'accord! Vous pouvez partir si vous voulez...» acquiescent-ils en posant leurs armes sur le sol.

Le doigt sur le bouton de ta lampe, tu recules avec tes amis jusqu'à l'écoutille.

«C'est incroyable! Ta ruse a marché! s'exclame Marjorie, tout étonnée. Tu as pris ça où, ce nom-là? C'est quoi au juste un "proton bidule tralala"?

— C'est le séchoir à cheveux de ma mère», lui réponds-tu.

Redescendez la coque de la soucoupe volante jusqu'au chapitre 60 et faites un autre choix.

12

Crois-le ou non, il y a parmi ce fourbi d'objets étranges, quelque chose qui pourrait vraiment vous être utile... UN PISTOLET-LASER!

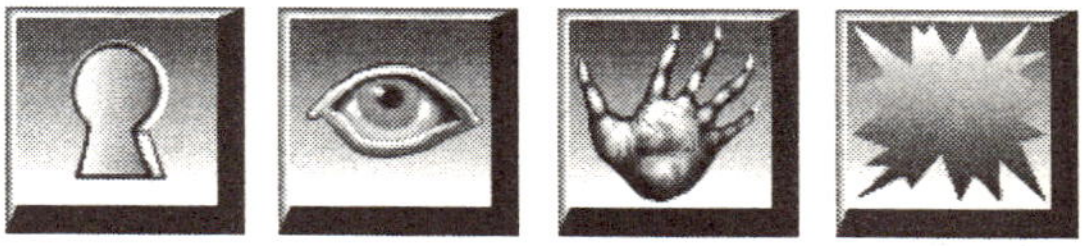

Si tu le trouves sur cette illustration, va au chapitre 28. Par contre, si tu ne le trouves pas, essaies de t'enfuir avec tes amis par le chapitre 64.

13

Il se produit un éclair aveuglant et vous vous retrouvez entourés de brouillard. Tu ouvres le yeux...

«Vous êtes toujours là? demande Marjorie. Répondez-moi! dites-moi que je suis pas seule...

— T'en fais pas! répond Jean-Christophe, je suis là...

— OUUUAAH! crie-t-elle. Quelque chose me touche le bras.

— C'est moi, idiote! lui réponds-tu.

— Qu'est-ce qui se passe? Vous croyez que les robots nous ont eus? demande-t-elle en se rapprochant de toi.

— Je n'en ai pas la moindre idée, lui réponds-tu. J'ai l'impression que nous ne sommes plus au même endroit...»

Soudain, une brise légère se lève et disperse lentement le brouillard. Autour de vous le soleil brille. De l'autre côté d'un marais, il y a un volcan fumant entouré d'une forêt dense survolée par d'étranges oiseaux sans plumes. C'est un paysage à l'aspect tout à fait... JURASSIQUE!

Tu te grattes la tête en essayant de réaliser ce qui se passe.

«ILS NOUS ONT ZAPILISÉS DANS LA PRÉHISTOIRE!» s'écrie Jean-Christophe, qui vient de comprendre.

Soudain, le hurlement d'une bête énorme résonne dans toute la vallée. **GRROOOOOOUURR!** Puis, des pas lourds se font entendre.

BRAAAM! BRAAAM! BRAAAM!

Allez au chapitre 88.

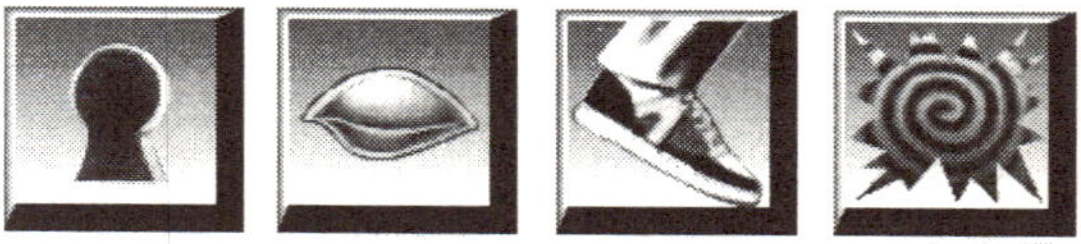

14

L'écoutille s'ouvre, tu te faufiles jusqu'à l'entrepont de la goélette des pirates laissée sans surveillance. En grimpant un grand escalier, tu te rends sur le pont de dunette. Tu avances à la recherche de l'armoire à signaux.

Moustache Bleue, le capitaine des pirates, est resté seul à bord et observe le déroulement de la bataille en vociférant d'horribles menaces aux Espagnols. Tu rampes silencieusement vers un gros coffre placé près du mât d'artimon. Tu l'ouvres, prends deux drapeaux : un jaune décoré d'une flamme et un autre, bleu. Agités ensemble, ces deux drapeaux signalent qu'il faut quitter le navire, car il est sur le point d'exploser. Tu t'en rappelles, car c'était une des questions du test d'histoire.

Pour hisser les drapeaux au grand mât, rends-toi au chapitre 31.

15

«Nous allons devenir célèbres avec ce journal, songes-tu, mais tout d'abord je dois vous sortir de là.»

Tu roules le journal pour le mettre dans la poche de ton jean puis tu replonges la main dans la poubelle.

«WOW! fais-tu, étonné d'en ressortir la coquille brisée d'un très gros oeuf. Avec un oeuf pareil, on peut nourrir toute une famille au "petit dej". OUACHE! te plains-tu, l'intérieur est encore tout gluant, comme si il venait tout juste d'éclore...

— Alors, ça vient?» te crie Marjorie, qui commence vraiment à avoir la frousse.

Tu lances la coquille sur le sol et tu fais une nouvelle tentative. Le bras enfoncé dans la poubelle, tu palpes le fond, touchant, tâtant avec le bout des doigts un curieux truc visqueux, mou et... QUI BOUGE!

Tu tombes à la renverse, **BANG!** et quelque chose de terrible se produit. Un tentacule glisse le long du rebord de la poubelle, puis un autre. Une petite tête immonde surgit, la tête d'un bébé Soucoupien...

Cet horrible extra-terrestre va-t-il t'attraper?

Pour le savoir, ferme les yeux et TOURNE LES PAGES DU DESTIN.

S'il réussit à t'attraper, esquisse un signe de croix et va au chapitre 63.

Si, par contre, tu réussis à lui échapper, fuis sans tarder au chapitre 53.

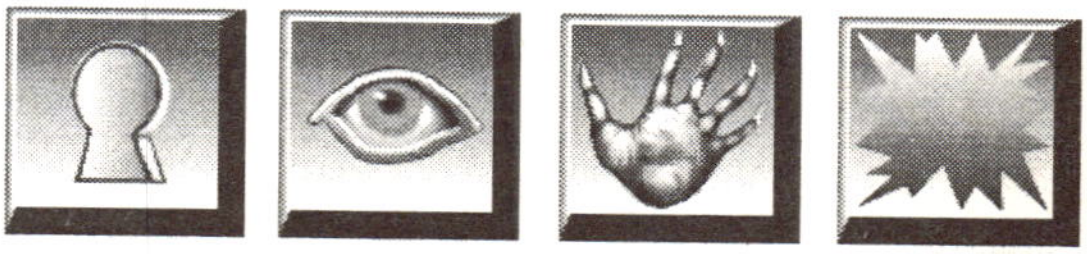

16

Essouflé, tu sens ton coeur faire des bonds épouvantables dans ta poitrine.

Les rugissements puissants du tyrannosaure qui patauge dans l'eau peu profonde te font tourner la tête. GROOOOUUR! GROOOUUR! Le dinosaure fait quelques enjambées puis se retrouve complètement submergé. A-t-il coulé comme une roche jusqu'au fond de l'eau? NON! Car un jet de bulles vient d'apparaître à la surface... ET SE RAPPROCHE DE VOUS!

Frénétiques, vous redoublez la cadence. Sur l'autre rive, les vapeurs sulfureuses du volcan se font de plus en plus abondantes... VA-T-IL ENTRER EN ÉRUPTION?

Tu jettes un coup d'oeil aux bulles, qui se rapprochent de plus en plus, puis au volcan tout bouillonnant en te demandant quoi faire.
Faut-il faire demi-tour et essayer de battre de vitesse le tyrannosaure ou foncer tout droit en espérant que le volcan ne crache pas tout de suite sa lave brûlante?

Si vous voulez faire demi-tour, ramez jusqu'au chapitre 43. Si vous voulez poursuivre votre route jusqu'au volcan, allez au chapitre 90. Dans l'un ou l'autre cas... ça s'annonce mal pour vous!

17

LE MONSTRE VOUS A VUS!

Il s'approche et arrache une partie de la clôture d'un violent coup de tentacule CHRAAAC! Vous glissez sur le dos dans un des sillons du jardin potager où sont cultivées de curieuses plantes bleues. Le monstre, dans un grand rugissement rageur RROOOOOWW! déroule tous ses tentacules gluants vers toi...

Tu cherches tout autour quelque chose à lui lancer. Il n'y a rien, sauf ces gros légumes bleus, tu tends la main pour en prendre un... LE MONSTRE S'IMMOBILISE!

«Qu'est-ce qui lui prend? demande Marjorie.

— Je n'en ai pas la moindre idée, fais-tu, tout surpris. Je crois que ce monstre craint que j'arrache les légumes du jardin.»

Tu tournes la tête pour essayer de savoir pourquoi. Plantés entre les sillons, des dizaines de créatures vous regardent bien goulûment. OUI! Les légumes bleus sont en fait des créatures vivantes...Vous êtes encerclés par des... BÉBÉS MONSTRES!

Cette grosse créature tentaculaire est sans doute... la maman monstre, et elle va tout faire pour protéger ses petits.

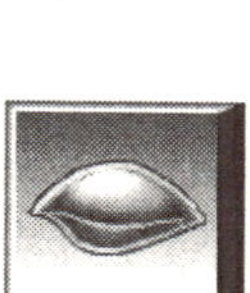

Tu tentes le tout pour le tout. Tu lances une poignée de terre dans ses neuf yeux scintillants. La créature vacille, trébuche et tombe sur le sol.

Vous vous précipitez vers la cabane juchée dans l'arbre. Après avoir grimpé la série de planches clouées au tronc, vous vous butez à la trappe, qui est verrouillée. Tout près, il y a un commutateur capteur d'empreintes qui actionne l'ouverture à abattant.

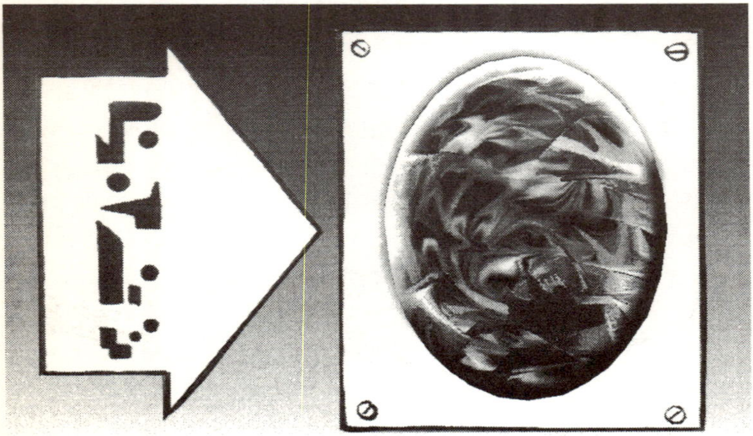

Pose ton doigt sur cette image du capteur et rends-toi au chapitre 25.

18

Vous essayez de vous éloigner au plus vite, mais en vain. Les robots chaussés d'espadrilles d'un métal très brillant vous rattrapent et vous forcent par la pointe de leurs pistolets-laser à rejoindre les Soucoupiens.

Entourés par les robots, vous suivez les Soucoupiens jusqu'à une longue passerelle qui monte jusqu'à l'intérieur d'un vaisseau spatial...UNE SOUCOUPE VOLANTE!

À l'intérieur de l'astronef, un long corridor entrecoupé de portes triangulaires à ouverture automatique vous conduit jusqu'à une grande salle d'audience tapissée de morceaux de cristal. Tout au fond, assis sur un trône gigantesque, un Soucoupien géant se passe l'une de ses trois langues vertes sur les lèvres en vous apercevant.

«C'est le chef! ou le roi... murmures-tu.

— ZYTRU-ZOUI! vous gronde-t-il, d'une voix caverneuse.

— ZYTRU-ZOUI! toi-même, espèce de grosse bête morveuse, lui réponds-tu bien impoliment. Vous allez nous laisser partir tout de suite, sinon... Sinon vous aurez à répondre à mon copain Jean-Christophe...»

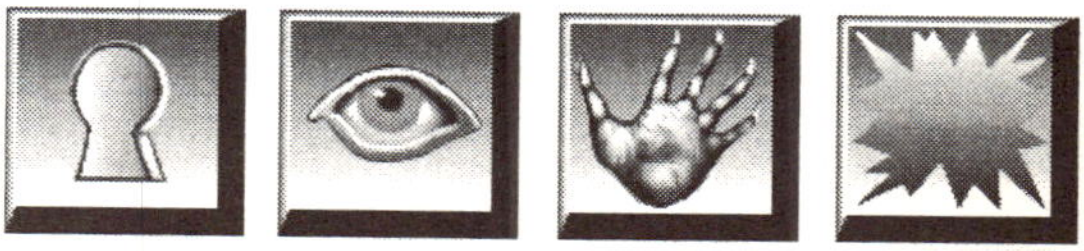

Jean-Christophe te donne un coup de coude pour te faire taire.

Voyant que vous n'avez rien compris, le roi des Soucoupiens presse, d'un geste agacé, sur le bouton du modificateur de voix situé sur l'accoudoir de son trône puis reprend la parole...

«TAISEZ-VOUS, TERRIENS! Vous êtes des espions, vous serez désintégrés sur le champ! Robots XX5 et ZX4, exécutez la sentence...»

Résigné à ton sort, tu te retournes vers les robots, qui, à ta grande surprise, s'écrasent un après l'autre sur le sol, **BOUM! BANG!** Tout près, Marjorie, la mine désolée, s'excuse d'avoir donné de la gomme à mâcher aux robots, car cela a eu pour effet de bloquer complètement leurs circuits.

En colère, le roi frappe d'un de ses tentacules un autre bouton. Tout de suite, la porte triangulaire s'ouvre, **SHHHH!** Quatre robots apparaissent et tirent aussitôt une salve de leur pistolet-laser dans votre direction...VOUS ESSAYEZ D'ESQUIVER LES RAYONS! Est-ce que les robots vous ont atteints?

Pour le savoir, ferme les yeux et TOURNE LES PAGES DU DESTIN.

Si vous avez été touchés, prend une grande respiration et rends-toi ensuite au chapitre 58.

Si, par contre, vous n'avez pas été atteints par leurs pistolets-laser, filez au chapitre 39.

19

Tu balaies le reste de la cabane du faisceau de ta lampe. Une pile de vieux magazines sur les ovnis, un vieux poste de télé, une drôle de radio surmontée d'une petite coupole...

Jean-Christophe tourne un des boutons et met la radio sous tension. Le haut-parleur grince puis se met à cracher des paroles incompréhensibles : ZYTRU-ZOUI! GLABOU RRR FAJOLUU...

«MES OREILLES ME FONT MAL! hurle Marjorie, S'IL TE PLAÎT! ferme-le...

— C'était quoi, cette langue? demandes-tu à Jean-Christophe, du russe?...

— J'crois que c'était du martien ou du plutonien! s'exclame Marjorie. Ce n'est pas possible que cela vienne de notre planète, c'était bien trop...»

Soudain, un fracas épouvantable retentit **BRRAAAOOOUUMMM!** la trappe au plancher vole en éclats, et une grosse tête avec neuf yeux apparaît... C'EST LE MONSTRE! Son tentacule virevolte un peu partout dans la cabane. Vous vous collez l'un sur l'autre dans un coin. Va-t-il réussir à vous attraper?

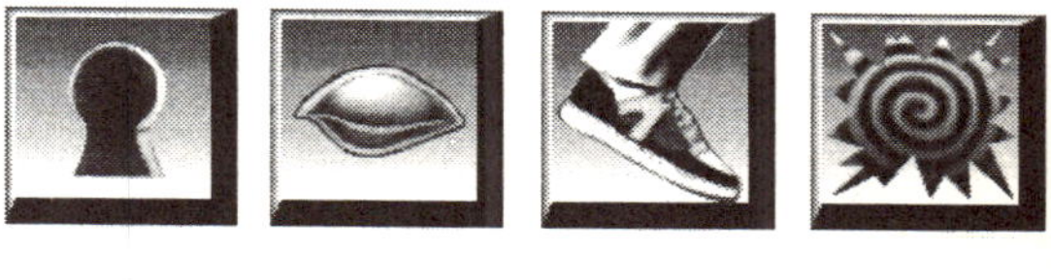

Pour le savoir, ferme les yeux et TOURNE LES PAGES DU DESTIN.

S'il ne vous attrape pas, rendez-vous tout de suite au chapitre 76.

Par contre, si le monstre t'attrape, tu es emporté par son tentacule jusqu'au chapitre 40.

20

Le grand robot tire un coup de son pistolet-laser **ZIOOUUUM!** dans votre direction. Très maladroit, il atteint plutôt le gyrophare du chien, qui disparaît dans sa niche en poussant des petits hurlements électroniques. **GNOUK! GNOUK! GNOUK!**

«ZX-9, votre incompétence m'irrite et me tombe vraiment sur les fils», gronde le petit robot en arrachant le pistolet des pinces du grand robot. Ensuite, il vous met en joue et appuie sur la gachette **ZIOOUUUM!** Cette fois-ci, le rayon lumineux vous atteint... DE PLEIN FOUET!

Un nuage t'enveloppe. Une grande ouverture s'ouvre dans le sol et tu y tombes. Tu te sens tout drôle, comme si mille mains te chatouillaient. Étourdi, tu te relèves. Vous vous retrouvez les deux pieds dans l'eau dans la cale d'un grand navire en bois qui tangue d'un côté et de l'autre. Autour de vous, il y a des coffres remplis de doublons d'or, de grandes poches d'épices et de thé attachées les unes aux autres, en somme... DES TRÉSORS!

Une détonation se fait entendre, **BOUM!** et un énorme boulet noir transperce la coque du navire. **CRAAAAC!** Tu sors la tête par la brèche créée par le projectile. Une goélette arborant un drapeau à tête de mort fonce sur votre vaisseau...

«NOUS AVONS ÉTÉ ZAPILISÉS DANS LE PASSÉ! cries-tu à tes amis. À L'ÉPOQUE DES PIRATES...»

Allez au chapitre 82.

21

Quelques longues secondes passent. Tu retiens ton souffle. Ses yeux scrutent la noirceur et deviennent tout à coup... VERT LUMINEUX!

«Qu'est-ce... s'étonne Marjorie en sursautant légèrement.

— Chut!» lui murmures-tu en lui posant la main fermement sur la bouche.

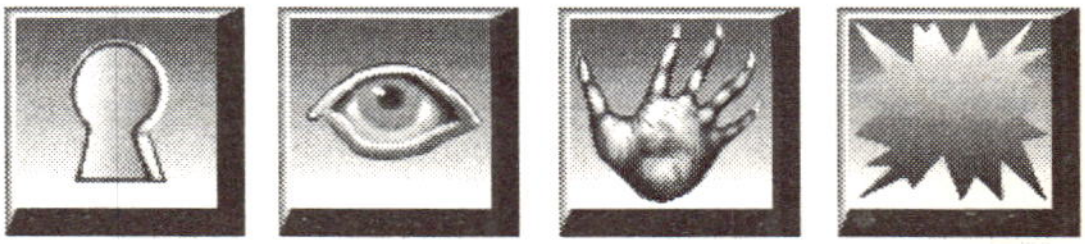

De grosses gouttes de sueur roulent sur ton front...

Le père d'Alien tourne la tête d'un côté, de l'autre, grogne quelque chose d'incompréhensible GROOMMM! puis repart s'asseoir derrière le volant.

«OUF! fait Jean-Christophe avec un sourire forcé, tandis que la camionnette redémarre.

— Ses yeux! vous avez vu ses yeux?» insiste Marjorie.

Tu t'essuies le front avec le revers de ton chandail en lui faisant un signe de la tête pour lui répondre que oui, tu as bien vu toi aussi ses yeux horribles devenir lumineux.

Vous roulez ainsi pendant plusieurs minutes au son des klaxons des autres voitures, voyant défiler successivement la rue Latrouille, la rue Bellemort et le boulevard Croquevivant. Filant à toute allure, vous arrivez à la limite de la ville, où la camionnette stoppe finalement. Tu lèves la tête : tout près, il y a une forêt que vous ne reconnaissez pas.

Découvre-la au chapitre 30.

22

Un des gros oeufs vient d'éclore et un petit grognement se fait aussitôt entendre GRRRRRR!

Pistolet pointé en direction du nid, vous reculez jusqu'à la fenêtre. Dehors, Alien s'enfuit, emportant Marjorie dans ses tentacules. Vous avancez prudemment vers la porte. Soudain, le faible grognement se change en rugissement GROOOW! De l'oeuf brisé s'échappe une espèce de grosse grenouille mutante de la taille d'un chat, qui bondit vers vous, la gueule grand ouverte.

Tu appuies sur la gâchette **ZIOOUUUM!** Le faisceau rouge atteint la créature qui retourne à son nid en se léchant le tentacule avec ses trois langues. Au même moment, tous les autres oeufs éclosent et les petits monstres disparaissent rapidement entre les boîtes du garage.

«Ça se gâte! te dit Jean-Christophe. Il faut partir d'ici au plus vite...»

Allez-vous avoir le temps de sortir avant que les bébés monstres vous attrapent? Pour le savoir, ferme les yeux et TOURNE LES PAGES DU DESTIN.

S'ils vous attrapent, retrouvez-vous au chapitre 80.

Si vous avez réussi à fuir, courez vite jusqu'au chapitre 84.

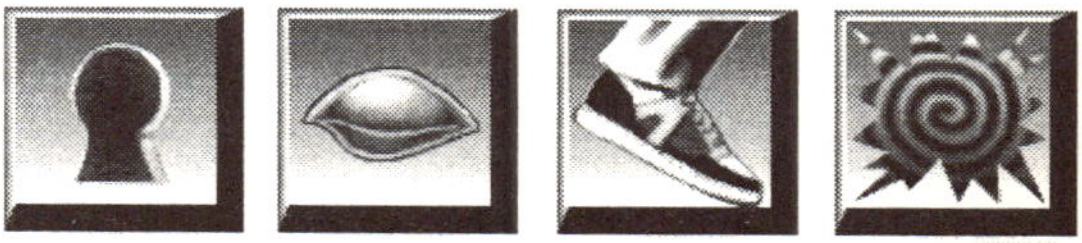

23

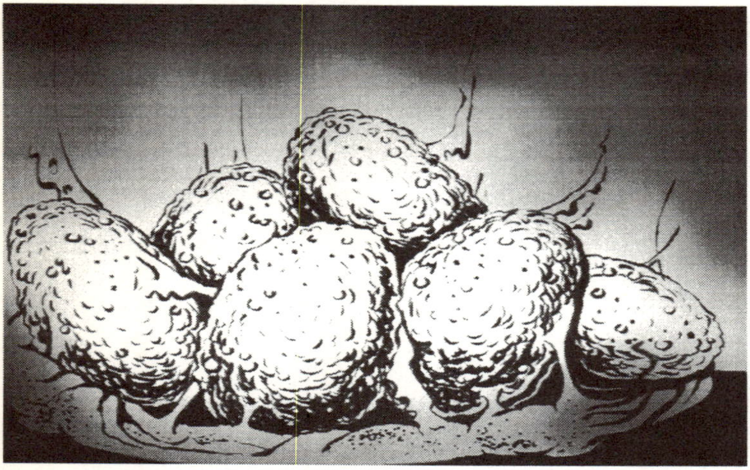

Observe bien cette illustration. Si tu trouves l'oeuf qui est légèrement craquelé, va au chapitre 81. Si, par malheur, tu n'as aucune idée de ce dont il s'agit, rends-toi au chapitre 51.

24

OUI! Tu as trouvé. Tes amis sont enfermés dans le petit réduit tout à droite au sous-sol. Tu t'approches de la fenêtre grillagée. Avec ta lampe, tu balaies la noirceur de la petite pièce. Jean-Christophe lève la tête et t'aperçois.

«Eh bien qu'attends-tu? se plaint-il, sors nous d'ici avant que les Bizarroïde reviennent de leur balade en camionnette.

— Patience! Il faut que je trouve un outil ou quelque chose pour enlever le grillage», lui réponds-tu en lui montrant la poubelle tout près.

Tu soulèves le couvercle et tu te mets à fouiller... «Des restes de table, des fruits tellement pourris qu'on dirait qu'ils ont des yeux, un journal de Soucoupia...

— UN JOURNAL DE SOUCOUPIA? répète Marjorie qui, juchée sur une chaise, se pointe le nez à la fenêtre.

— Oui, et il date d'hier, lui précises-tu. Soucoupia! quel drôle de nom. Je ne connais pas cette ville-là. Je savais que mes voisins n'étaient pas du quartier, mais j'ignorais de quel pays lointain ils venaient.

— Ils viennent de beaucoup plus loin que tu ne le penses, reprend-elle. Soucoupia, ce n'est pas le nom d'une ville... C'EST LE NOM D'UNE PLANÈTE! Tu sais ce que cela veut dire... Les Bizarroïde sont des extra-terrestres...»

Rendez-vous au chapitre 15.

25

SUR LE COMMUTATEUR, TU AS POSÉ LE POUCE OU LE DOIGT?

Si tu y as posé le doigt, rends-toi au chapitre 73.

Si, par contre, tu y as posé le pouce, tu as malheureusement actionné l'alarme. **OUIIIN! OUIIIN!** *Descendez vite de l'arbre jusqu'au chapitre 37.*

26

Vous avancez dans le crépuscule. La maison des Bizarroïde semble sortie tout droit du plus mauvais de tes rêves. Un horrible mélange de maison hantée et de manèges étourdissants plantés au beau millieu d'une foire de cauchemars. Un endroit qui te donne l'envie de vomir... DE PEUR!

Tu remarques à l'instant que le bruit sourd de machinerie s'est s'arrêté.

«C'est trop silencieux ici! leur chuchotes-tu, j'aimerais mieux entendre quelque chose, des chauves-souris battre de l'aile, une meute de loups hurler à la lune ou le vent gémir entre des arbres sans feuilles, n'importe quoi, mais il n'y a rien... C'EST LA MORT!»

Le perron de bois fait de vieilles planches

disloquées craque sous votre poids.

CRAAC! CRIC!

Par les fenêtres, vous essayez de voir à l'intérieur de la maison. Mais c'est impossible, les vitres sont terriblement sales, et les rideaux en lambeaux vous empêchent de voir quoi que ce soit. Tu avances très lentement ton bras vers la poignée de la porte... EST-ELLE VERROUILLÉE?

Pour le savoir, ferme les yeux et TOURNE LES PAGES DU DESTIN.

Si elle n'est pas verrouillée, entrez dans la demeure des Bizarroïde par le chapitre 4.

Mais si elle ne s'ouvre pas, cherchez une autre façon d'y entrer en allant au chapitre 35.

27

3, 2, 1...

Le rotor se met à gronder, **VVRRRRRRRRR!** Tu sens la soucoupe bouger lentement puis monter rapidement vers l'espace. Vous tournoyez autour de la lune plusieurs fois avant de filer à une vitesse vertigineuse hors du système solaire.

Naviguant à la vitesse de la lumière, tu prends à deux mains le levier de manoeuvre afin d'effectuer un demi-tour. Votre vaisseau s'est tellement éloigné dans la galaxie que, devant toi, il y a maintenant deux systèmes solaires.

Dans lequel se trouve la terre? Étudie bien cette illustration et rends-toi ensuite au chapitre inscrit sur la trajectoire qui, selon toi, te ramènera sur ta bonne vieille planète... LA TERRE!

28

«LÀ! t'indique Jean-Christophe. Je crois qu'il y a une arme. Non! ce n'est pas possible, on dirait un... PISTOLET-LASER!»

Tout de suite, tu saisis le pistolet dans tes mains puis tu fais volte-face en pointant l'arme vers l'entrée du garage. Mais à ta grande surprise... ALIEN N'EST PLUS LÀ!

«Il n'est sûrement pas très loin», soupçonne Jean-Christophe en fouillant le garage des yeux.

Tu regardes autour de toi et tu te rends compte que... MARJORIE A DISPARU ELLE AUSSI!

«Ta soeur? lui demandes-tu. OÙ SE CACHE-T-ELLE?

— MARJORIE! MARJORIE! hurle-t-il à tue-tête. MARJORIE!!!»

Tu n'obtiens comme réponse qu'un étrange craquement... **CRRRIOUC!**

Ravale ta salive et jette un coup d'oeil au gros nid qui se trouve au chapitre 22.

29

Au moment même où la lune disparaît, cachée par un autre nuage... LA PORTE DE LA MAISON S'OUVRE!

«Attention! leur chuchotes-tu, ne bougez plus...»

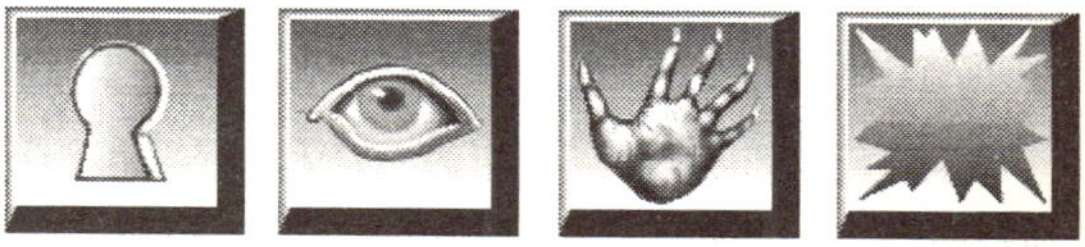

Trois ombres glissent vers l'allée du stationnement et entrent dans la camionnette. **BLANG!** La portière du véhicule se referme... Vite, tu fouilles dans tes poches pour en ressortir ta mini-lampe. **CLIC!** tu l'allumes. Devant vous, il y a un tas de cages. Quelques miaulements se font entendre **MIAURRR! MIAUUU!**

Tu approches le faisceau de ta lampe.

«DIABLE! s'exclame Jean-Christophe. Ces cages sont pleines d'animaux : des chats, des chiens, des écureuils...

— Il se passe des choses vraiment étranges. J'aime de moins en moins cet endroit, chuchote Marjorie. Qu'est-ce qu'ils vont faire de toutes ces pauvres petites bêtes?

— Je n'en ai aucune idée ; de la soupe peut-être? lui répond son frère.

— IDIOT! fait-elle en le poussant.

— Réfléchissez une seconde, reprends-tu. Ils ont capturé à peu près toutes les espèces d'animaux qu'on retrouve dans le quartier. C'est comme s'ils voulaient en faire la collection, comme on fait avec de simples timbres.

— C'est peut-être pour un zoo ou quelque chose du genre... pense Marjorie.

— Un zoo!!! s'exclame Jean-Christophe. Et pourquoi? On retrouve ces animaux partout sur terre...»

Les phares de la camionnette s'allument et le moteur se met à vrombir. **VRRRRRR!**

«Il n'y a qu'une façon d'en savoir plus! SUIVONS-LES!» ordonne Marjorie.

Vous vous jetez tous les trois dans la boîte de la camionnette en faisant violemment secouer le véhicule qui démarrait... La camionnette s'arrête et UNE PORTIÈRE S'OUVRE!

Tu colles ton oeil à une fissure dans la paroi de la boîte. La masse sombre d'un grand type bossu assez barbu contourne le camion en grommelant et se dirige vers l'arrière.

«OUAH! c'est Monsieur Bizarroïde! marmonnes-tu. Planquez-vous!»

Caché dans la pénombre, tu croises les doigts. La grande silhouette du père d'Alien se penche dans l'ouverture de la boîte... Vous apercevra-t-il?

Pour le savoir, TOURNE LES PAGES DU DESTIN.

Si, par chance, il ne vous voit pas, rendez-vous au chapitre 21.

Mais si, par malheur, IL VOUS A VUS, allez au chapitre 3.

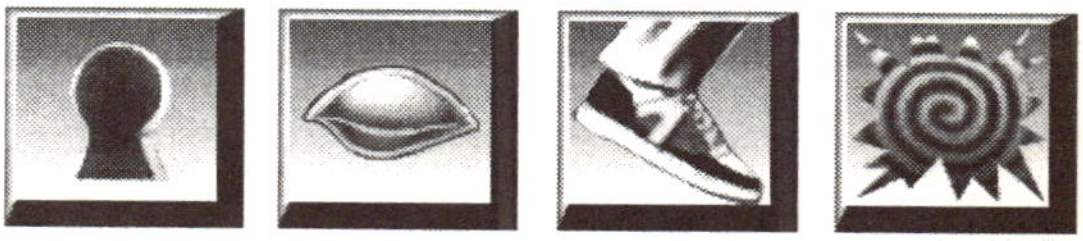

30

Éclairée par la seule luminescence de la lune, une forêt assez lugubre s'étale devant vous. Entre les arbres, plusieurs passages qui ont l'air aussi longs que sinueux semblent vouloir conduire vers les confins les plus inhospitaliers des bois quiconque oserait s'y aventurer.

Au moment où vous vous apprêtez à sauter hors de la boîte de la camionnette, Alien, suivi de ses parents, quitte le véhicule et part vers la forêt. Vous vous jetez sur le plancher de peur d'être vus.

Couché sur le ventre, tu les entends s'éloigner. Soudain, **CRAC!** une branche est brisée. Quelques secondes passent, puis le bruit de leurs pas se tait...

Tu sors la tête au chapitre 65.

31

Le signal à peine hissé en haut du grand mât, les pirates l'aperçoivent et se jettent tous sans hésiter à la mer.

Les officiers espagnols abordent la goélette pirate et capturent Moustache Bleue. Un à un, les brigands sont tirés hors de l'eau et amenés à bord pour être faits prisonniers.

Pour vous remercier de leur avoir sauvé la vie et rendu leur navire, le señor Capitan vous offre de choisir un article parmi les trésors qui se trouvent dans la cale. Entre les doublons d'or, les colliers de pierres précieuses et les bagues d'argent, il y a... UN PISTOLET-LASER!

«Comment diable ce pistolet est-il arrivé jusqu'ici? réfléchis-tu à voix haute.

— Je n'en ai pas la moindre idée, te répond Jean-Christophe, je sais seulement que ce pistolet-laser est notre billet pour rentrer chez nous...

— Je vous conseille de prendre autre chose, vous recommande le señor Capitan, ce mousquet est un objet du diable. Nous l'avons trouvé dans un étrange navire tout en métal échoué sur une île. Mais si cette chose vous plaît... ELLE EST À VOUS!»

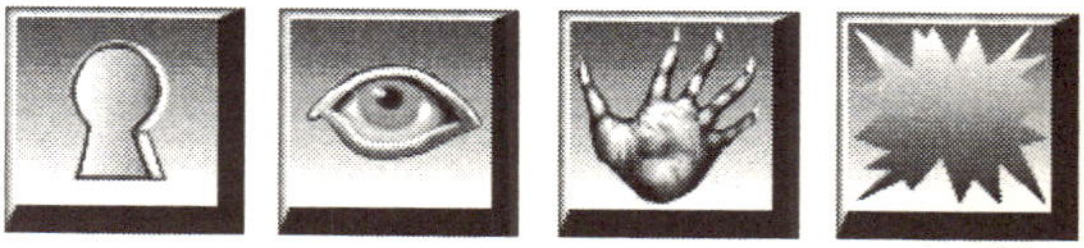

Jean-Christophe prend le pistolet, ajuste les différents commutateurs et le remet entre les mains du señor Capitan qui, sans trop comprendre pourquoi, pointe le pistolet vers vous et appuie sur la gâchette... **ZIOOUUUM!**

Vous êtes zapilisés jusqu'au chapitre 10.

32

Vous courez dans le corridor jusqu'à un long pont circulaire bordé de hublots.

«DE QUEL CÔTÉ? DE QUEL CÔTÉ? demande Marjorie, nerveusement. Nous ne réussirons jamais à sortir de cette grosse tarte volante...»

Les lumières rouges se mettent soudain à clignoter...

«Ils viennent de donner l'alerte!» crie Jean-Christophe.

Tu t'approches d'un des hublots. Le nez collé sur la vitre, tu n'aperçois pas dehors la passerelle qui t'a conduit ici. Tu vois plutôt cinq autres de ces engins spatiaux fumants dans lesquels s'embarquent des centaines de Soucoupiens armés jusqu'aux dents.

«Les extra-terrestres ne sont pas seuls! remarques-tu. Il y a toute une flotte de ces soucoupes volantes à l'extérieur, prêtes à décoller.»

Immobiles devant un hublot, Marjorie et Jean-Christophe étudient la scène. Vous concluez assez rapidement que les Soucoupiens se préparent sans doute à... UNE INVASION! Le sort du quartier Outremonstre et peut-être même de la ville est entre les mains des Téméraires de l'horreur. Peut-être même que la survie de la race humaine... DÉPEND DE VOUS!

Allez tout de suite au chapitre 52.

33

Le rayon laser vous frappe de plein fouet, et vous êtes transportés dans le passé. OUI! dans le passé... AU CHAPITRE 10.

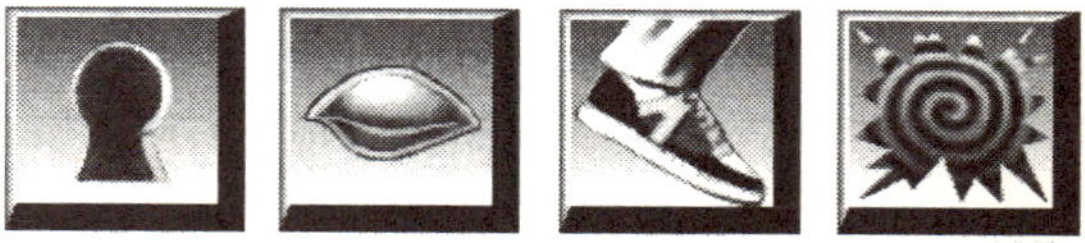

34

Vous pénétrez dans le grand vaisseau pour découvrir que vous êtes tombés en plein sur le poste de pilotage.

«IL S'AGIT BIEN D'UNE SOUCOUPE VOLANTE! s'exclame Marjorie, regardez tous ces ordinateurs, ce tableau de bord rempli de leviers de contrôle et ce bouton-là qui clignote», vous montre-t-elle en appuyant dessus par maladresse... CLIC!

PROCÉDURES DE DÉCOLLAGE AMORCÉE! tonne aussitôt l'ordinateur par les hauts parleurs. PROGRAMMES DE MISE À FEU LANCÉS...

«T'ES COMPLÈTEMENT FOLLE! hurle Jean-Christophe. Pourquoi as-tu pressé ce bouton?»

10 SECONDES AVANT LE DÉCOLLAGE, 9, 8, 7...

«Je n'ai pas fait exprès! s'excuse-t-elle, toute peinée.

— IL FAUT PILOTER CE VAISSEAU SI NOUS NE VOULONS PAS NOUS PERDRE DANS L'ESPACE, leur cries-tu, VITE! AUX COMMANDES...»

6, 5, 4...

Assieds-toi à la place du pilote au chapitre 27.

35

La porte est verrouillée. Les mains appuyées sur les hanches, vous reculez de quelques pas, question de trouver une façon discrète d'entrer.

Fenêtres grillagées, balcons hors de portée, portes verrouillées à double-tour, toute tentative de vous introduire dans la demeure des Bizarroïde semble vouée à l'échec. Cependant, il y a peut-être une autre solution : cet étrange vaisseau écrasé sur la maison.

«Moi, pour expliquer la présence de cet engin sur le toit, j'ai deux hypothèses, propose Marjorie. Soit que la maison a été construite sur l'emplacement d'un ancien parc d'attraction, et dans ce cas-ci, il s'agirait des vestiges d'un vieux manège, soit qu'il s'agit bel et bien d'un vaisseau spatial venu d'un autre monde.

— Y'a jamais eu de foire ou de parc dans le quartier Outremonstre, lui répond son frère Jean-Christophe. Le cirque du Docteur Vampire a été le seul, et c'était un cirque ambulant qui allait d'une ville à l'autre.

— Crois-tu qu'il s'agit vraiment d'une soucoupe volante? lui demandes-tu, perplexe.

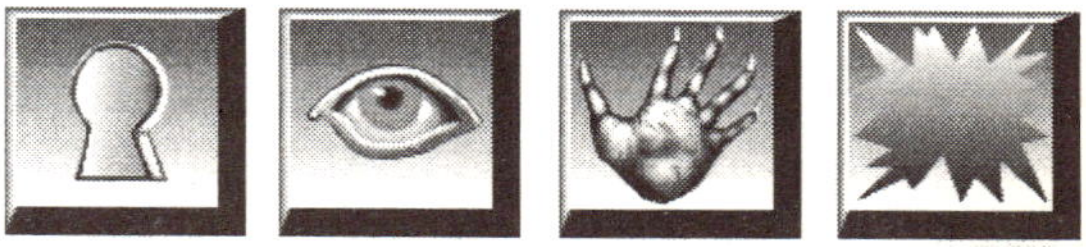

— Ça expliquerait, entre autres choses, pourquoi Alien Bizarroïde a le sang vert, murmure Marjorie. Alien serait un extra-terrestre, et ce gros bidule ovale-là serait son vaisseau spatial.

— Il n'y a qu'une façon de le savoir, ajoutes-tu pour conclure, et c'est de monter à bord...»

Le vaisseau se trouve au chapitre 60.

36

Avec Marjorie et Jean-Christophe, tu avances à pas feutrés en direction du garage. Une voiture passe dans la rue. Ses phares projettent vos ombres étirées sur le vieux bâtiment de briques et de pierre. La voiture entre dans l'allée de ta maison. Tu regardes ta montre et tu inspires profondément...

«Parfait, c'est mon père, leur dis-tu. Si jamais ça tourne mal, on n'a qu'à crier...»

Vous longez le mur jusqu'à la porte. Tu frottes la vitre embuée et vous vous y collez le visage. Dans le garage, il règne un désordre indescriptible. Plusieurs grandes boîtes sont éparpillées ici et là sur le plancher de ciment, mais ce qui vous intrigue le plus, c'est cet étrange nid contenant une demi-douzaine de gros oeufs verruqueux au fond, près du mur.

Au moment où tu t'apprêtes à prendre la poignée pour entrer GLIOUB! GLUB! un horrible gargouillis se fait entendre. Vous tournez la tête lentement...

Le visage éclairé par ses yeux devenus lumineux, Alien Bizarroïde balance le tentacule qui vient de lui pousser à la place de sa jambe blessée...

Tu retiens ton souffle... Va-t-il vous attraper?

Pour le savoir, ferme les yeux et TOURNE LES PAGES DU DESTIN.

Si son tentacule dégoûtant s'enroule autour de ta jambe et qu'il t'attrape, rends-toi au chapitre 59.

Si, par une chance incroyable, vous avez réussi à vous enfuir, cherche le chapitre 9.

37

Au pied de l'arbre, vous êtes interceptés par deux robots de métal brillant.

«QUOI! QU'EST-CE... fais-tu, tout surpris. Qui êtes vous?

— SILENCE, TERRIEN! hurle le robot en te menaçant de son pistolet-laser. Nous sommes des robots de la planète Soucoupia. Nos maîtres et

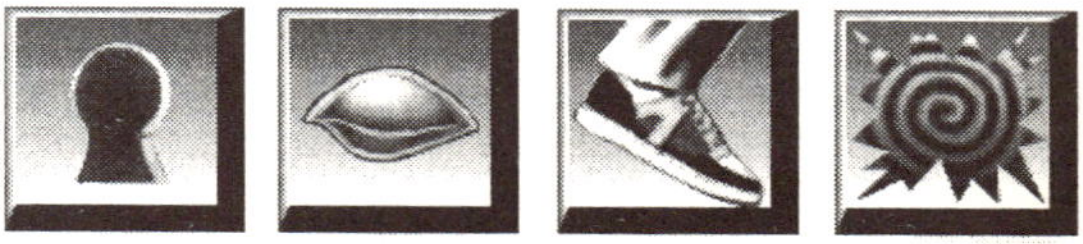

créateurs, les Soucoupiens, nous ont envoyés sur cette misérable planète afin de capturer des spécimens humains pour leurs expériences... VOUS SEREZ CES COBAYES!

Vous êtes poussés par les deux robots qui trottinent derrière vous jusqu'à un étrange rayon qui semble provenir de l'espace. À peine avez-vous franchi la lumière éblouissante que vous êtes téléportés à bord d'une soucoupe volante cachée derrière la lune.

Vous êtes emmenés de force dans un étrange laboratoire où une meute de SAVANTS SOUCOUPIENS SANGUINAIRES pratiquent une batterie d'expériences horribles sur vous avant de vous téléporter de nouveau sur Terre... AVEC DES TENTACULES À LA PLACE DES BRAS!

FIN

38

Tu te précipites vers la trappe pour la soulever, mais un curieux système de sécurité la tient bien barrée. Pour la déverrouiller, il te suffit de déchiffrer ces curieux signes.

Étudie bien cette illustration. Elle te dévoilera le numéro du chapitre qui te permettra de l'ouvrir. Par contre, si tu ne réussis pas, rends-toi au chapitre 87 et attends-toi au pire...

39

ZIOUM! ZIOUM! ZIOUM! ZIOUM!

Vous vous laissez choir sur le plancher. Les quatre rayons éblouissants ne vous atteignent pas,

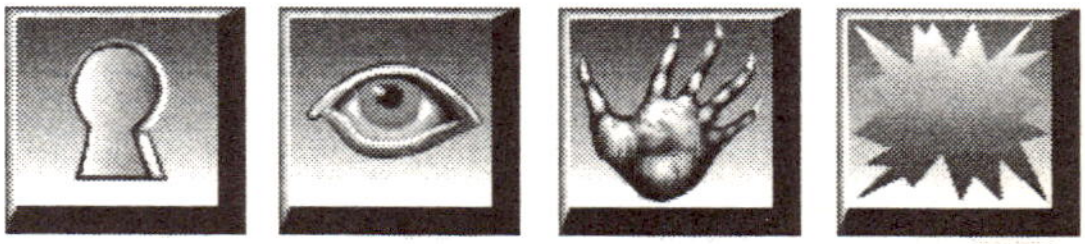

mais pulvérisent plutôt un des murs de cristal. **BROOUUM!** L'explosion crée un nuage de poussière et de fumée qui envahit aussitôt la salle d'audience.

Incommodé, le roi des Soucoupiens se met à tousser et à cracher un peu partout une drôle de substance qui t'atteint et te colle au sol. Les quatre robots accourent vers lui. La voie est maintenant libre entre vous et la porte triangulaire qui se referme lentement. C'est votre seule sortie, mais il faut faire vite...

Tu fais des pieds et des mains afin de te dégager, mais tu ne peux pas t'échapper. Plusieurs Soucoupiens arrivent d'une pièce voisine, mitraillette-laser à la tentacule. Fou de rage, le roi brandit ses tentacules.

«RAMENEZ-LES MOI! hurle-t-il. Ramenez-les moi... CUITS OU CRUS!»

Jean-Christophe, qui se dirigeait vers la porte, stoppe net et revient vers toi. Tirant de toutes ses forces, il réussit à te dégager et à te traîner dans le corridor juste avant que la porte ne se referme complètement.

SHHHH!

«OUF!» fais-tu en lui lançant un clin d'oeil pour le remercier.

Marjorie, qui vous attendait, fracasse d'un coup de pied la boîte du mécanisme d'ouverture de la porte, détruisant les transistors et les puces électroniques. Ça vous donne le temps de reprendre votre souffle...

... et de vous rendre au chapitre 32.

40

Le monstre t'enroule comme un saucisson dans son tentacule et t'emporte jusqu'à la maison des Bizarroïde. Là, tu découvres que l'astronef écrasé sur la maison est en fait... UNE SOUCOUPE VOLANTE!

«Marjorie avait raison! songes-tu. Cet horrible monstre est donc un extra-terrestre, UN SOUCOUPIEN.»

Dans le vaisseau venu de l'espace, tu es enfermé dans un curieux bocal de verre et mis en état d'hibernation. Les Soucoupiens réparent leur engin et repartent pour Soucoupia. Le temps passe sans que tu vieillisses d'une ride. Sur leur planète, les Soucoupiens t'étudient sous toutes les coutures, de ton orteil le plus gros à ton cheveu le plus long. Leurs expériences terminées, ILS TE RAMÈNENT SUR TERRE!

Tu te sens tout drôle, tu ne peux pas dire combien de temps tu es parti... Le quartier Outremonstre n'est plus vraiment le même. Autour de toi, une foule de choses ont changé.

Au bout de la rue, deux vieillards essaient en vain de traverser une rue achalandée. Tu t'approches

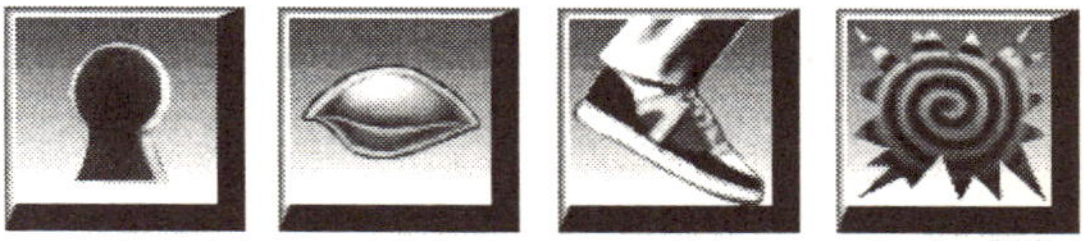

pour les aider. L'homme et la femme te sourient, tu les reconnais... C'est Jean-Christophe et Marjorie!

FIN

41

Vous décidez de prendre celui de gauche. À peine avez-vous fait quelques pas qu'un grognement sourd s'élève en arrière de vous, GRRRRRR!.. C'EST LE MONSTRE!

VOUS COUREZ! Le passage se rétrécit, si bien que vous devez ramper. Vous progressez avec lenteur. Le grognement se fait entendre à nouveau, GRRRRR! mais cette fois-ci, il semble provenir d'en avant. Tu t'arrêtes et tu scrutes la pénombre du passage. Le grognement se transforme en rugissement RRRROOOOOW! et neuf yeux lumineux apparaissent.

Tu tournes sur toi-même de façon à rebrousser chemin... MAIS TU RESTES COINCÉ! Jean-Christophe t'attrape par le bras et tire de toutes ses forces. Un tentacule s'enroule à ta cheville. Jean-Christophe met toute la gomme... ET RÉUSSIT À TE DÉGAGER DE L'EMPRISE DU MONSTRE!

Vous fuyez en passant d'un embranchement à l'autre jusqu'à ce que vous ayez semé le monstre et jusqu'à ce que vous soyez complètement perdus dans ce réseau inextricable de passages qui sont en fait les racines de l'arbre.

Vous savez bien qu'un jour viendra où vous trouverez la sortie. Mais d'ici là, il faudra bien vous nourrir et, sous terre, il n'y a qu'une chose qui se trouve en abondance... DES VERS DE TERRE!

FAIM

42

L'arme au poing, vous escaladez un escalier de bois puis une échelle jusqu'au gaillard d'avant. **POUF! POUF!** Les pirates arrosent le pont du navire d'une grêle de balles. **POUF! POUF! POUF!**

«Halte-là! Qui êtes-vous? demande le señor Capitan en vous voyant. Vous êtes des espions à la solde des pirates?

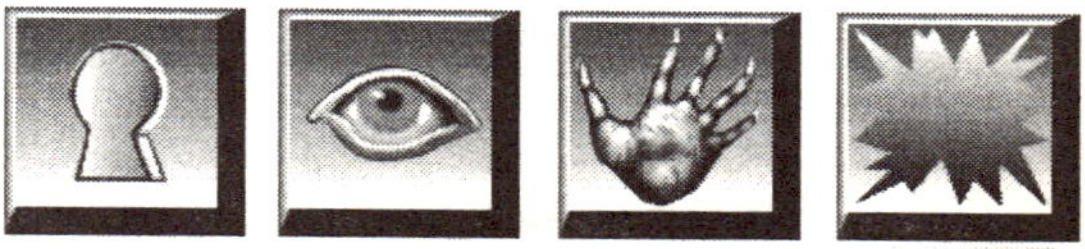

POUF!

— Pas du tout! pas du tout! insiste Marjorie. Nous sommes montés à bord bien malgré nous, Monsieur.

— DES PASSAGERS CLANDESTINS! rugit-il. Vous savez ce qu'il en coûte de s'embarquer sans sauf-conduit sur un des navires de sa majesté le roi d'Espagne?

— Il faudrait plutôt penser à défendre votre bateau contre ces canailles, capitaine, nous sommes prêts nous aussi à nous battre avec vous, ajoute-t-elle en brandissant son sabre en direction de la goélette des pirates, qui s'approche à bâbord.

— Que Dieu nous protège, notre galion est incapable de manoeuvrer, vous révèle-t-il. Un boulet de canon a détruit le gouvernail.

— Tant pis! fait Jean-Christophe, ils veulent la bagarre... ILS VONT L'AVOIR!»

La goélette des pirates maintient le cap. Sa quille continue à fendre les vagues jusqu'à ce que les deux navires se heurtent.

BROOOOUUMM!

Des pièces de bois brisées volent dans les airs sous le choc. Les pirates lancent leurs grappins d'abordage dans les haubans et rapprochent les deux navires l'un contre l'autre.

«À L'ABORDAGE!» hurle Moustache Bleue, le capitaine des pirates le plus cruel et le plus sinistre des sept mers.

La mêlée s'engage au chapitre 50.

43

Alors que vous vous apprêtez à faire demi-tour, le tyrannosaure surgit à la surface et happe d'une seule bouchée la moitié du nénuphar géant. CLAC! Jean-Christophe bat les bras comme un papillon pour ne pas tomber à l'eau. Tu l'agrippes par le chandail. Tous les trois à genoux dans ce qui reste de votre embarcation de fortune, vous vous mettez à ramer comme des fous.

Devant vous, le grand carnivore réapparaît, la gueule grand ouverte. Ses longues dents aussi coupantes que des sabres sont pointées vers son prochain festin... VOUS!

Pendant que vous essayez de faire marche arrière en frappant l'eau violemment avec vos mains, le tyrannosaure se met tout à coup à tourner sur lui-même. Lentement, il s'enfonce et disparaît sous la surface de l'eau qui tourbillonne, emporté par un grand remous.

Vous vous réjouissez tous les trois de sa disparition avant de vous apercevoir que votre embarcation est aspirée elle aussi. Vous commencez à tracer de grands cercles sur l'eau, puis comme le dinosaure, vous êtes implacablement attirés vers le

fond. Tout ce que vous pouvez faire maintenant, c'est d'attendre là...

FIN

44

Tu tires le levier de manoeuvre vers la droite et évite de justesse un nuage d'astéroïdes. Pluton apparaît rapidement devant toi, tu abaisses le levier et tu passes juste en-dessous. En tentant de contourner Neptune, tu heurtes légèrement un des satelittes d'Uranus **VRAM!** quelques instruments sautent et s'enflamment! Jean-Christophe étouffe les flammes avec un extincteur. **PSSHHH!**

Des sueurs t'aveuglent, tu t'essuies le front du revers de ta manche.

Tu zigzagues entre les anneaux de poussière de roche de Saturne. Tu mets les gaz à fond afin de contourner Jupiter, la plus grosse planète du système solaire, mais le rotor de la soucoupe volante s'arrête... Incapable de contrôler l'engin sans motopropulseur, tu promènes nerveusement tes doigts sur le clavier de l'ordinateur... LE ROTOR REDÉMARRE! **ZIUUM!** Tu mets toute la gomme afin de t'écarter de l'attraction de Mars. À toute vitesse, tu arrives directement sur la Terre qui grossit très vite devant toi. Tu frappes d'un coup de poing le bouton actionnant le système de pilotage automatique.

BANG!

Le vaisseau traverse l'atmosphère et atterrit de lui-même à votre point de départ... SUR LA MAISON DES BIZARROÏDE!

OUF! QUELLE BALADE! Un peu étourdis, vous redescendez sur la Terre ferme et vous retournez au chapitre 10 afin de poursuivre votre aventure...

45

NYAAAAAARGH!

Un cri terrifiant se fait entendre. Au loin, Marjorie est sur le point d'être poussée par Alien à l'intérieur de son horrible demeure...

«TU VAS LÂCHER MA SOEUR TOUT DE SUITE», hurle Jean-Christophe en courant vers lui, les yeux brillant de fureur.

Tu lèves ton pistolet-laser. L'oeil collé au viseur, tu te dis que tu ne peux pas te permettre de manquer ta cible, car Marjorie serait pulvérisée elle aussi sur-le-champ. La gorge sèche, tu retiens ta respiration et tu tires... **ZIOOUUUM!**

Le laser n'atteint pas Alien, mais touche plutôt la lampe murale **BLAM!** Marjorie profite de cette

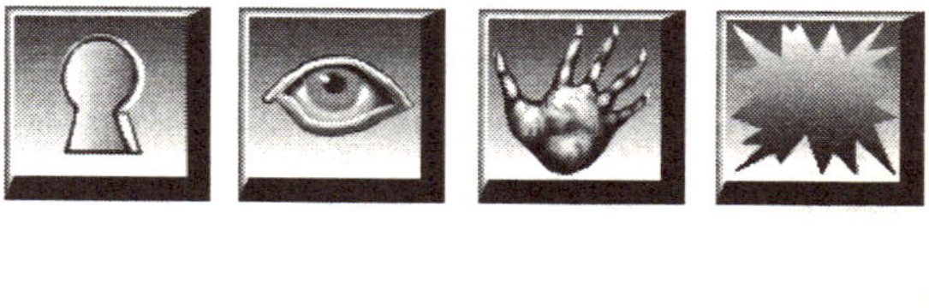

diversion pour lui donner un bon coup de pied sur le tibia. Alien déroule son tentacule et lâche le bras de Marjorie, qui réussit à s'enfuir. Voyant Jean-Christophe arriver en trombe, il disparaît derrière la porte de sa maison.

Au moment où tu te diriges vers eux, tu sens quelque chose te grimper dans le dos...

«SAPRISTI!» t'écries-tu, en pensant à la cinquième grenouille mutante.

Tu ôtes rapidement ton blouson et tu le laisses tomber par terre. La créature bondit sur toi. Tu lui lances le pistolet-laser dans la bouche. Rassasiée, elle s'enfuit...

Tu rejoins tes amis et vous repartez vers le chapitre 10. Vous savez maintenant que vous ne trouverez rien de plus dans le garage, alors vous cherchez ailleurs...

46

«TERRIENS! tonne un des robots. Vous allez nous remettre tout de suite cet oeuf sinon vous serez zapilisés dans le passé comme votre complice le policier.

— Qu'avez-vous fait de l'inspecteur, espèce de cafetière parlante? rugit Marjorie.

— Nous lui avons fait faire un petit retour en arrière jusqu'à l'époque des dinosaures, répond le robot, en menaçant Marjorie de son mitrailleur-laser.

— Chose certaine, vous n'êtes que de stupides robots condamnés à suivre les ordres de vos créateurs, leur lance Jean-Christophe. Alors conduisez-nous à eux, nous n'avons pas à discuter avec des appareils électroménagers.»

Fou de rage, un des robots pointe tout de suite son arme vers toi puis...

ZIOOUUUM!

... IL ZAPILISE L'OEUF!

Éberlués, vous vous rendez au chapitre 61.

47

La créature fait un rot par le nombril ROOOO! et disparaît vers la maison.

Tu te remets à respirer...

Vous vous rapprochez de l'arbre afin de monter vers la cabane. Des fils gluants coulent de la trappe...

«C'est affreux, ce monstre a dévoré Alien, murmure Marjorie, j'en suis sûre. Là-haut, il n'y aura que son squelette tout blanc...

— Ne sois pas stupide! lui dit son frère. Allez! on se dépêche.

— STUPIDE! répète-t-elle, vexée. Tu crois que ce liquide rouge qui coule est de la confiture de fraise?»

Vous vous trouvez à mi-hauteur lorsqu'un hurlement vous arrête.

WOOOOUUUUU!

Tes yeux s'agrandissent de terreur. Tout au pied de l'arbre, le monstre réapparaît. Il déroule un de ses tentacules et t'attrape le pied. Tu t'agrippes solidement à une planche et tu le fais balancer dans le vide jusqu'à ce qu'il frappe sa répugnante tête sur une branche. Ses neuf yeux tournent dans leur orbite et le monstre tombe au sol... ASSOMMÉ!

Profitez du fait que le monstre est inconscient pour vous introduire dans la cabane.

Allez vite au chapitre 38.

48

C'EST LE BRANLE-BAS DE COMBAT...

Cachés tous les trois dans la cale, vous sentez le bateau basculer sous une pluie de boulets. **BROUMM! BROOOUM!** Le grand mât abattu, le galion ne peut éviter l'affrontement. Des grappins d'abordage harponnent le pont et rapprochent les deux navires l'un contre l'autre.

«DOUBLE RATION DE RHUM À CELUI QUI ME RAPPORTE LE DRAPEAU ESPAGNOL, hurle Moustache Bleue, le pirate le plus terrible des sept mers. À L'ABORDAGE!»

Sabre à la main, la horde hurlante de féroces gredins envahit le navire espagnol et descend chercher le butin dans la cale, où vous êtes enfermés.

«Mettez-moi cette racaille aux fers sur notre bateau, ordonne Moustache Bleue, et cap sur Alger.»

CORNE DE BOUC! Vous allez être tous les trois vendus à un riche seigneur pour quelques centaines de dinars d'or au marché aux esclaves.

FIN

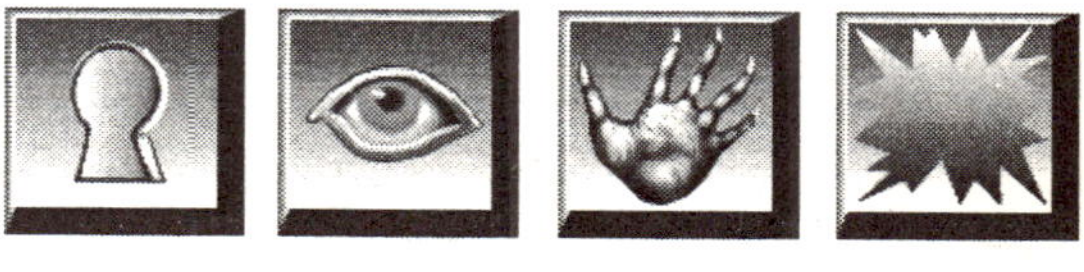

49

Les longues branches et les grandes feuilles des arbres se mettent à frémir. Coincé entre deux troncs, le tyrannosaure se démène comme s'il avait avalé un cigare allumé. Finalement, avec sa puissante mâchoire, **SCHRAC!** il déracine l'arbre qui empêchait son gros corps reptilien de passer.

Suivi de Marjorie, tu pars derrière Jean-Christophe, qui court vers le marais, votre seule chance de salut. Mais, malheur, devant vous l'eau s'agite puis frétille. Des dizaines de piranhas affamés s'excitent à la vue de la chair crue... VOUS! Derrière, le tyrannosaure fonce sur vous à toute vitesse...

Il est difficile de savoir ce qui va vous arriver parce que, vois-tu, ça s'est passé il y a tellement longtemps... IL Y A DES MILLIONS D'ANNÉES!

FIN

50

Une horde hurlante de pirates se rue sur le pont du galion. YAAAAAAAAHH! Elle réussit à atteindre les marins espagnols qui protègent l'entrepont du navire. Les épées et le sabres s'entrechoquent, **CLANG! CLING!**

Un pirate, couteau entre les dents, se balance sur un câble et arrive sur toi. Appuyé au bastingage, tu pointes ton mousquet et tu fais feu. La balle coupe la corde net et le pirate se retrouve à la mer.

«Tope-là!» te fait Marjorie.

Cinq autres pirates prennent d'assaut le gaillard d'avant. Jean-Christophe coupe plusieurs câbles avec sa hache d'abordage, la grande voile tombe **SWOOOUUCH!** et emprisonne vos assaillants. Tu les assommes un après l'autre avec un petit baril de rhum.

«Les bandits sont trop nombreux, te dit Jean-Christophe, nous allons perdre la bataille...

— Peut-être que non! J'ai une idée, leur dis-tu. Je dois embarquer sur la goélette des pirates. SUIVEZ-MOI À L'ENTREPONT...»

À l'entrepont, les deux coques des navires se touchent. Assis sur un canon du galion, tu te hisses vers une des écoutilles de la goélette en espérant

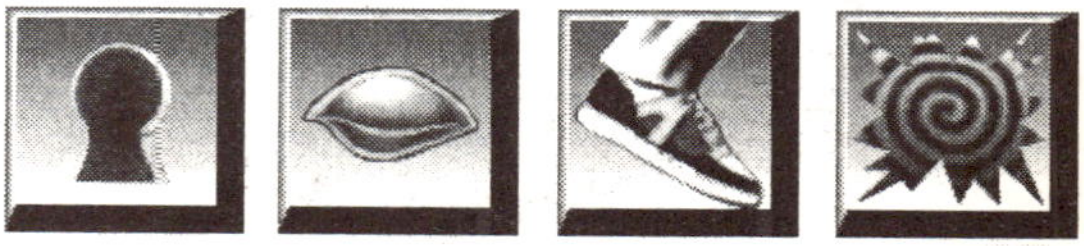

qu'elle ne soit pas verrouillée de l'intérieur.

Pour savoir si elle est verrouillée, ferme les yeux et TOURNE LES PAGES DU DESTIN...

Si elle s'ouvre, mets ton plan à exécution en allant au chapitre 14.

Si, par contre, l'écoutille est verrouillée, dirigez-vous vers le chapitre 74.

51

N'ayant pas trouvé celui qui était sur le point d'éclore, tu te dis que tant qu'à revenir les mains vides tu pourrais choisir un oeuf au hasard. Tu t'approches du nid et tu saisis le plus petit. L'oeuf est assez lourd. Sa coquille dure et verruqueuse est aussi couverte de pustules qui éclatent et laissent couler un drôle de liquide rose sur tes mains.

Tu te demandes si cette curieuse matière ne va pas te donner toutes sortes de bobos. La réponse ne tarde pas à venir : tu ressens des picotements sur tes mains. Tu laisses tout de suite tomber l'oeuf sur le sol.

Tu as soudain terriblement mal. Tu regardes tes mains. La douleur est insoutenable, des boutons commencent à pousser sur ta peau... DES BOUTONS AVEC DES YEUX!

FIN

52

Vous essayez de déchiffrer ce qui semble être des panneaux de signalisation soudés aux poutres du plafond, mais c'est inutile. L'alphabet qui y est gravé n'est pas de ce monde et est tout à fait incompréhensible.

Vous avancez vers la droite en espérant tomber sur la sortie. Malheureusement, le corridor débouche sur une petite pièce vide et sans intérêt. Sur le plancher, cependant, tu remarques cinq losanges lumineux.

«C'est sans issue! lance Marjorie. C'est un "cul-de-sac extra-terrestre".»

Soudain, un éclair jaillit de la petite pièce, et deux Soucoupiens se matérialisent sur les losanges...

Pris de panique, vous vous cachez tous les trois dans un large recoin muni d'un hublot en baie. Malgré l'état d'alerte, les deux Soucoupiens passent en glissant devant vous sans vous voir, ne laissant sur le sol qu'une espèce de gelée gluante et malodorante.

«C'est un téléfracteur! précise Jean-Christophe en apercevant la série de boutons bleus placés un au dessus de l'autre sur le mur. Une sorte d'ascenseur si vous voulez...

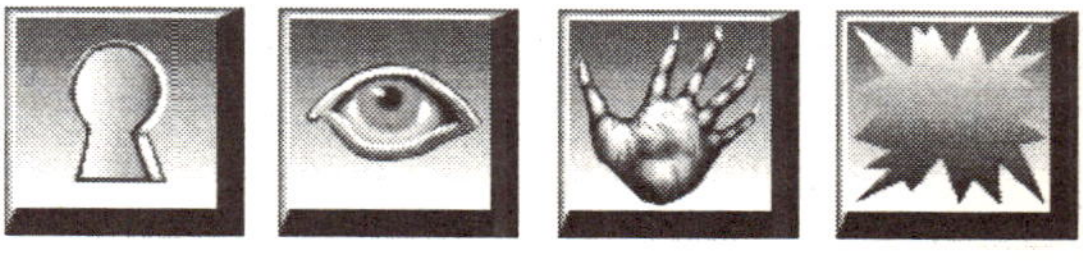

— FANTASTIQUE! s'écrie Marjorie. Appuyons sur le bouton du bas. C'est sans doute là que se trouve la sortie...

— T'es sérieuse, là? lui demandes-tu. Tu veux vraiment utiliser ce supposé "téléfrac...»

Tu n'as pas le temps de terminer ta phrase... QU'ELLE APPUIE SUR LE BOUTON!

Tout de suite, une série de chatouillements traversent ton corps de la tête aux pieds. Tu réapparais ensuite au chapitre 93.

53

Tu fais un tonneau vers la gauche pour esquiver l'assaut. Le bébé Soucoupien vient s'écraser sur le mur de brique **SPLAT!** Tu te remets sur pieds à la vitesse de l'éclair afin de prendre la poudre d'escampette. Mais tu t'aperçois que la répugnante petite créature est tout écrabouillée sur le mur et que son compte est bon.

Éclaboussée par le sang vert, une partie du grillage qui retenait tes amis prisonniers se dissout. **SSHHHHHH!** Les Soucoupiens sont des êtres au sang chaud... TRÈS CHAUD!

Après avoir fait valser d'un solide coup de pied ce qui restait du grillage, tu réussis à délivrer Marjorie et Jean-Christophe.

«On fait quoi, maintenant? lui demandes-tu, on appelle la police?

— Pas tout de suite, répond ton ami, j'aimerais bien en savoir un peu plus. Mais j'y pense... LE JOURNAL! s'écrie-t-il. Montre-moi le journal, il y a sûrement quelque chose qui pourrait nous aider.»

Une drôle d'expression apparaît sur le visage de Jean-Christophe, lorsqu'il aperçoit la manchette : «L'invasion de la Terre va bon train», lit-il à haute voix. Il poursuit sa lecture : «Des espions soucoupiens ont réussi à s'infiltrer dans un petit quartier appelé Outremonstre, trompant tous les Terriens. D'après les premiers rapports, les habitants de ce secteur seront envahis très bientôt par une flotte cachée dans les environs.»

— SAPRISTI! s'exclame Marjorie. LES SOUCOUPIENS SE PRÉPARENT À ATTAQUER...»

Une paire de phares éclairent la rue... DES PHARES DE CAMIONNETTE! Marjorie les aperçoit...

«LES BIZARROÏDE REVIENNENT!» hurle-t-elle, en pointant de son doigt tout tremblant la camionnette.

Mettez-vous à l'abri au chapitre 62. Vite!

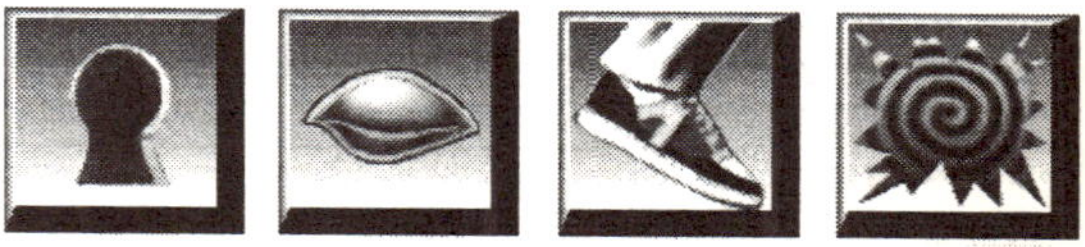

54

N'ayant pas pu trouver le passage que les Bizarroïde ont emprunté, vous décidez de tenter votre chance en en choisissant un au hasard. Tu fais rapidement le tour et constates qu'ils sont tous aussi sombres que le placard de ta chambre. Après quelques instants, tes yeux s'étant habitués à la noirceur, tu sondes les ténèbres afin de t'assurer que celui qui est devant toi est sans danger.

«Celui-là!» leur indiques-tu en y mettant le pied.

Jean-Christophe et Marjorie emboîtent le pas sans protester . Un peu plus loin, le vent semble vouloir se lever. Tu clignes des paupières lorsqu'il redouble de violence et soulève des tourbillons de sable. Tu découvres assez vite qu'il ne s'agit nullement du vent : c'est plutôt un immense objet décoré de mille lumières qui s'apprête à décoller... UN VAISSEAU SPATIAL!

Vous êtes projetés tous les trois sur le sol **BANG! BANG! BANG!** par la puissance de ses ventilateurs atomiques qui le soulèvent plus haut que la cime des arbres. Après avoir effectué quelques rotations, la soucoupe volante se stabilise au-dessus de vos têtes. Une écoutille s'ouvre lentement, **ZOOUUU!...** Tu te mords la lèvre pour l'empêcher de trembler.

Un faisceau de lumière rouge est dirigé vers

vous, vous clouant les pieds au sol et vous empêchant de fuir. Molécule par molécule, vos vêtements sont absorbés dans la soucoupe volante. Le faisceau s'arrête, l'écoutille se referme et le vaisseau disparaît rapidement en zigzaguant entre les étoiles...

Vous vous regardez tous les trois en vous demandant qui croira à votre mésaventure. Mais une autre question se fait plus pressante : comment allez-vous faire pour rentrer chez vous, comme ça... EN SOUS-VÊTEMENTS?

FIN

55

Sachant bien que TON TOUR VIENDRA si tu ne te caches pas tout de suite, tu te laisses choir derrière une touffe de haie morte et sèche comme il y en a tout autour de la demeure. Monsieur Bizarroïde apparaît au seuil de l'entrée. Après avoir verrouillé la porte à double tour, il retourne s'asseoir derrière le volant de la camionnette et démarre en trombe...

VROOOUUUMM!

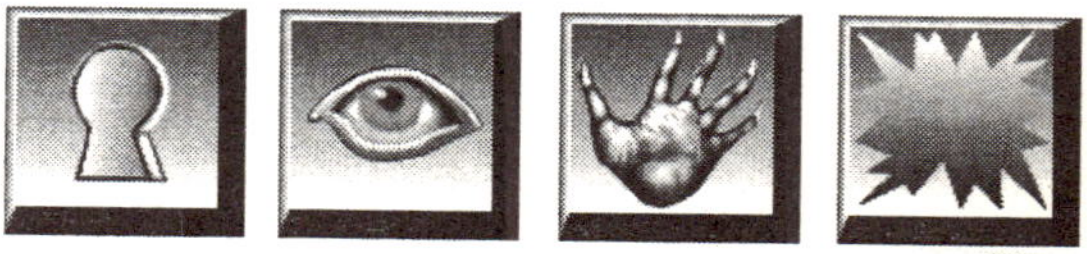

«OUF!» fais-tu, en levant les yeux vers la maison.

Le père d'Alien a emprisonné Jean-Christophe et Marjorie dans une des pièces en prenant bien soin de... FERMER LA LUMIÈRE.

Va jeter un coup d'oeil à la demeure au chapitre 77.

56

Tu appuies sur le bouton et, tout de suite, le plancher se dérobe sous vos pieds. **BLAANG!** Tu t'agrippes comme tu peux. Jean-Christophe et Marjorie tombent dans l'eau des égouts **SPLACH!** et disparaissent, emportés par le fort courant d'eau sale et corrompue. NYAAAAAARGH!

Tes doigts glissent, tu es sur le point de tomber toi aussi lorsqu'un tentacule se vrille à ton poignet... C'EST LA CRÉATURE! Elle te hisse jusqu'à elle. Trois tentacules, neuf yeux et une bouche immonde...

«TERRIEN! gronde le monstre. Tu vas voir ce qu'il en coûte à ceux qui tentent d'espionner les Soucoupiens.» Il ouvre sa grande bouche et souffle vers toi un nuage de mauvaise haleine jaunâtre... TU T'ÉVANOUIS!

Tu te réveilles pour découvrir qu'ils t'ont abandonné sur une planète éloignée de la galaxie. Tu marches un peu. Plus loin, tu remarques des traces de pas.

«OUAIS! t'écries-tu, enfin quelqu'un...

Tu t'approches et constates que ces traces de pas sont en fait... LES TIENNES! Tu as fait le tour de la planète en seulement quelques secondes.

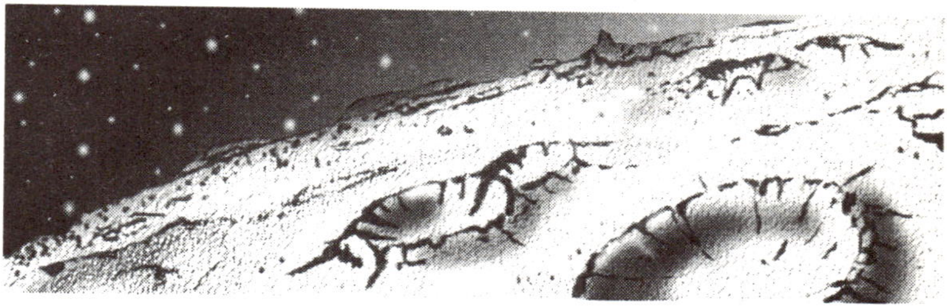

OUI! Les Soucoupiens t'ont abandonné sur la plus petite planète de l'univers et tu es... SEUL!

FIN

57

Vous grimpez jusqu'à l'écoutille. Là, vous vous mettez à trois pour tourner une roue semblable à un volant de voiture qui sert à actionner l'engrenage du mécanisme d'ouverture.

L'écoutille s'ouvre et vous êtes tout de suite tirés à l'intérieur par les tentacules gluants d'une terrifiante créature à neuf yeux... UN SOUCOUPIEN!

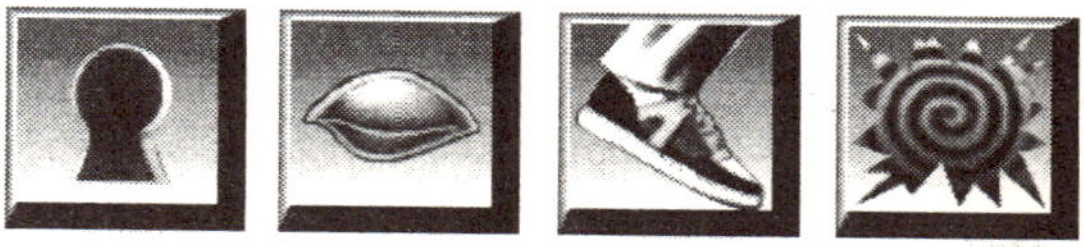

Traînés jusqu'à un lugubre laboratoire, vous vous retrouvez vite ensevelis jusqu'au cou dans un immense pot de terre. Tu regardes autour de toi : vous êtes entourés de curieuses plantes et de magnifiques fleurs cueillies un peu partout dans la galaxie...

Le temps passe et un autre Soucoupien vêtu d'un sarrau blanc arrive vers vous, un arrosoir au tentacule. Il laisse couler un peu d'eau sur votre tête, gribouille quelque chose dans son cahier de note, puis quitte le labo.

Les Soucoupiens vous prennent pour des plantes... DES VIOLETTES TERRIENNES!

FIN

58

Touché par le laser, tu t'évanouis. Tu te réveilles beaucoup plus tard, couché dans un lit situé au beau millieu d'une chambre qui ne ressemble en rien à la tienne. Sur le devant de la pièce, à la place d'une fenêtre, il y a des barreaux comme ceux d'une prison. Un petit Soucoupien y glisse un de ses tentacules pour te donner quelque chose. Tu t'approches de lui, il te remet une poignée de cacahuètes...

Une grande Soucoupienne, de toute évidence sa mère, arrive rapidement et le tire loin de toi...

— Je t'ai dit mille fois qu'au zoo intergalactique il ne faut JAMAIS nourrir les Terriens, le gronde-t-elle. TU POURRAIS TE FAIRE MORDRE LE BOUT DU TENTACULE! Allez viens maintenant, allons voir les Martiens nager dans leur aquarium...

FIN

59

Alien t'attrape le bras et s'approche de toi... Tu te dis que c'est fini et qu'il vaudrait mieux faire tes prières. Au moment où tout semble désespéré, il pose son doigt sur sa bouche et fait CHUT!

Vous vous regardez tous les trois en vous demandant ce qui peut bien se passer. Alien fouille dans sa poche, sort un badge d'enquêteur de la police et enlève le masque qui lui couvrait la figure.

«Je suis de la police, vous révèle-t-il. Nous sommes sur cette affaire depuis des mois. Il se passe des chose vraiment bizarres ici. Aujourd'hui, avec ce déguisement, j'ai réussi à m'infiltrer chez les Bizarroïde et à amasser une foule d'indices. Il ne me manque plus qu'une preuve, et nous pourrons tous leur mettre le grappin dessus. Vous, les Téméraires de l'horreur... VOUS ALLEZ M'AIDER!

— D'accord! tout ce que vous voulez, lui réponds-tu avec enthousiasme. En quoi consiste notre mission?

— Vous devrez me rapporter un de ces drôles de gros oeufs qui sont dans le nid tout au fond du garage, vous indique-t-il. Il y en a un seul qui est sur le point d'éclore. Vous ne pouvez pas vous tromper, il est fissuré ; c'est celui-là qu'il nous faut. Allez-y, moi je monte la garde ici...»

Vous entrez tout de suite dans le garage qui se trouve au chapitre 23.

60

Sur cette illustration, trois écoutilles vous permettent d'entrer dans l'engin spatial. Rends-toi au chapitre inscrit sur celle que tu auras choisie.

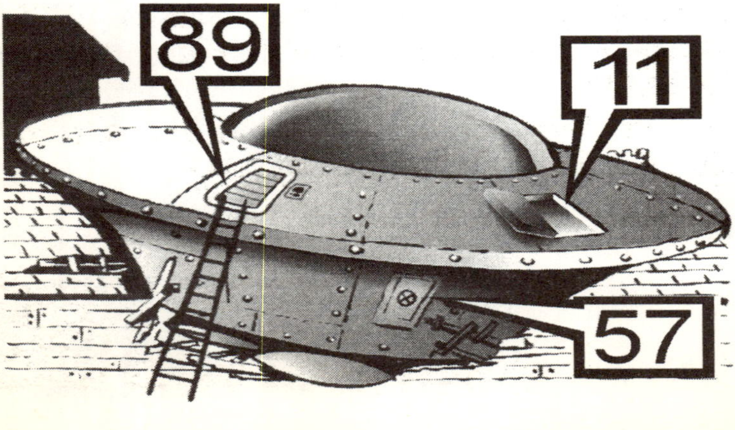

61

«Vous voyez bien, Terriens, vous dit le robot, que toute résistance de votre part est futile...

— Sans vous en rendre compte vous avez tout découvert sur nous, raconte l'autre. Effectivement, sur notre planète, il y a de cela très longtemps, nous n'étions que des appareils électroménagers. Moi, je n'étais qu'un simple grille-pain et XXZ-4, lui, n'était qu'une cafetière filtre. Mais un jour, nous en avons eu assez, nous nous sommes réunis pour former des robots indestructibles. Nous avons vaincu nos maîtres et pris possession de la planète, que nous avons vidée de toute son énergie. Maintenant c'est au tour de la Terre. Nous sommes venus nous brancher ici quelque temps. Lorsque nous repartirons, il ne restera plus aucune source d'énergie.

Vous vous regardez tous les trois en vous demandant bien quoi faire. Vous comprenez ensemble qu'il n'y a pas d'autres solutions, ALORS VOUS VOUS METTEZ À COURIR À TOUTES JAMBES!

Les deux robots font aussitôt feu dans votre direction. **ZIOOUUUM! ZIOOUUUM!**

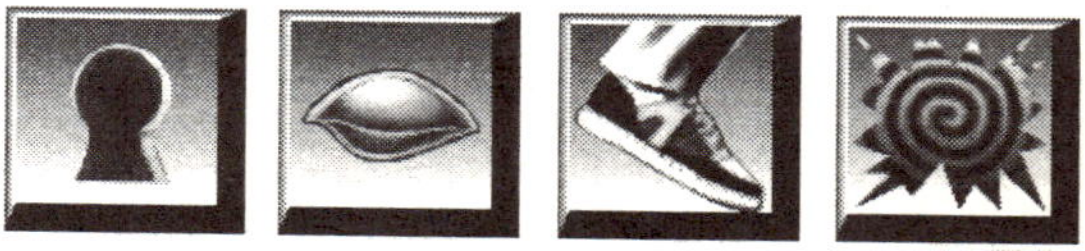

Allez-vous être atteints par leurs tirs? Pour le savoir, TOURNE LES PAGES DU DESTIN.

Si vous êtes touchés, rendez-vous au chapitre 33.
Si vous avez réussi à éviter leurs tirs, bravo! Courez jusqu'au chapitre 85.

62

Les pneux crissent, **IIIIIIIRRRRR!** et la camionnette s'arrête dans le stationnement... Vous vous mettez à courir à toutes jambes!

En passant entre deux arbres du jardin, tu trébuches sans raison apparente. Jean-Christophe t'aide à te relever. Tu cherches tout autour, mais il n'y a rien. Tu jurerais pourtant qu'il y avait quelque chose. Au moment même où vous vous apprêtez à continuer, tu dois esquiver, à ta grande surprise, une des branches de l'arbre, qui voulait... S'ENROULER À TON COU!

Vous reculez de quelques pas. La haute cime de l'arbre se met à vibrer, une gueule énorme s'ouvre et de longues incisives apparaissent...

«GGRRRRR! gronde l'arbre d'une voix rauque. Vous avez eu l'audace de piétiner mes racines, eh bien, Terriens, vous allez voir ce qu'il en coûte de s'en prendre à un arbre carnivore de la planète Soucoupia.

— NE VOUS EN FAITES PAS! vous crie Marjorie, le poing serré. Si ce cure-dents géant ramène sa salle gueule ici, je lui expédie un direct au menton, si naturellement il a en un...»

L'arbre fléchit le tronc et approche sa mâchoire vers toi... Jean-Christophe saute rapidement de l'autre côté du jardin et ramasse une scie qui était accrochée avec d'autres outils sur le mur de la remise. D'un bond prodigieux, il revient près du tronc et pose la scie sur la plus grosse des racines de l'arbre en menaçant de la lui couper. Le feuillage de l'arbre se met aussitôt à frissonner...

FRRRRRRR!

«Pitié, Terriens, vous supplie l'arbre. En échange de votre clémence je vous dirigerai dans la bonne direction. Suivez les dalles autour du patio et vous pourrez quitter le domaine...»

Jean-Christophe laisse tomber la scie sur le sol et vous partez vers le chapitre 7.

63

Avec une rapidité étonnante, le petit Soucoupien enroule son tentacule tout collant autour de ta jambe.

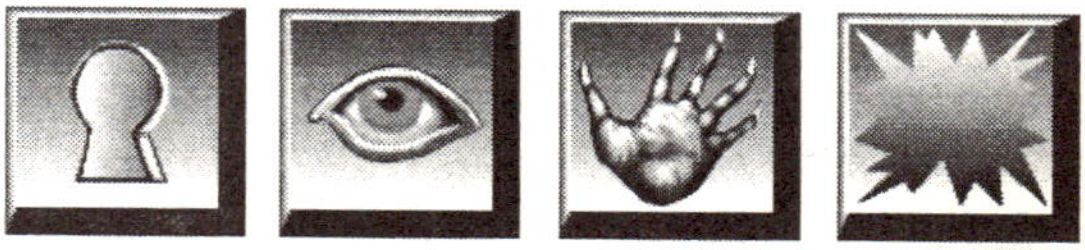

Un frisson d'horreur te parcourt le dos tandis qu'il s'approche pour tisser un gros cocon tout autour de toi. Complètement enveloppé, tu es emmené à bord d'une soucoupe volante qui décolle en direction de Soucoupia.

L'astronef quitte la terre qui, déjà, s'éloigne de plus en plus dans le hublot. Maintenant, elle n'est plus qu'un petit point lumineux parmi les étoiles.

Sois patient, car pour toi, le voyage risque d'être... INTERMINABLE! Vous ne serez sur Soucoupia que dans quatre omicrons. Pour un Soucoupien, ce n'est pas bien long. Pour toi, par contre, c'est environ soixante années terrestre. Lorsque tu y mettras enfin les pieds... tu y mettras aussi une canne. Car si tu fais le calcul... TU SERAS DEVENU UN VIEILLARD!

FIN

64

Devant vos yeux, Alien se met à trembler et à muer. Deux autres tentacules apparaissent. Ses yeux se multiplient sur son visage, il en a maintenant neuf. C'est maintenant une horrible créature qui vous fait face. Un large sourire se dessine sur les lèvres de sa bouche aussi grande qu'une baignoire. IL AVANCE VERS VOUS!

Vous reculez un peu. Derrière toi, un des gros

oeufs est sur le point d'éclore. La petite créature se démène et fait craquer la coquille galeuse comme la peau d'un crapaud, **CRAC!** Vous, vous apercevez un tentacule hirsute, humide et gluant.

«DES BÉBÉS MONSTRES!» s'écrie Marjorie.

DEUX AUTRES OEUFS ÉCLOSENT!

CRAC! CRAC!

Avec un serrement de coeur, tu constates que vous serez bientôt encerclés par ces espèces de «grenouilles mutantes». Soudain, la sonnerie de ta montre résonne : **BIP! BIP! BIP!** Tu appuies sur le petit bouton sans regarder l'heure, car tu sais que... TA DERNIÈRE HEURE VIENT DE SONNER!

FIN

65

Doucement, tu lèves la tête. Les yeux agrandis, tu es tout surpris de voir que la famille Bizarroïde n'est plus en vue.

«Oh non! gémis-tu, découragé, nous avons perdu leur piste...

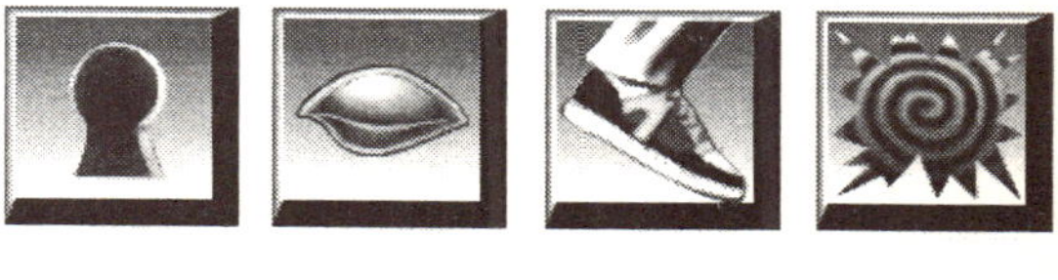

— Pas de problème! s'exclame Marjorie, rappelez-vous! Ils ont cassé une branche lorsqu'ils ont marché dans le passage. Il nous suffit donc de trouver celui où une branche est cassée pour savoir lequel ils ont emprunté...

Observe bien cette illustration. Si tu réussis à trouver le passage qu'ils ont utilisé, entrez-y tous les trois par le chapitre 6.

Par contre, si tu n'en as aucune idée, personne n'aimerait être à votre place. Allez au chapitre 54.

66

TCHIC-CLIC! tu as réussi... Vous vous hissez un après l'autre dans l'ouverture à abattant et vous en refermez la petite porte.

L'odeur est insoutenable, tu te pinces le nez et tu allumes ta petite lampe, CLIC! L'intérieur de la cabane s'illumine. Vous découvrez avec un énorme dégoût que le liquide rouge et gluant qui coule le long du tronc de l'arbre provient... D'UN CADAVRE VIDÉ DE SES VISCÈRES!

Tu te couvres la bouche de ta casquette et tu t'approches.

«CE N'EST PAS UN CADAVRE! constates-tu, soulagé. Cette carcasse toute dégoulinante est faite de plastique. On dirait une sorte de costume. Sans doute que ce déguisement appartient au monstre répugnant qui nous poursuivait.

Jean-Christophe fait pivoter d'un coup de pied la carcasse de plastique. Ses yeux s'agrandissent quand il reconnaît le visage...

LE VISAGE DE QUI? Allez voir au chapitre 72.

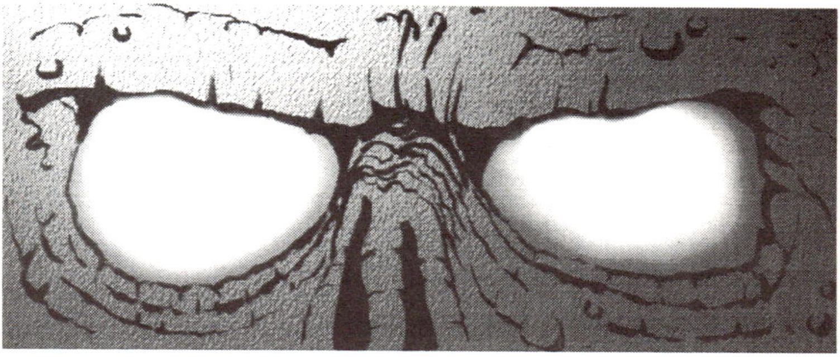

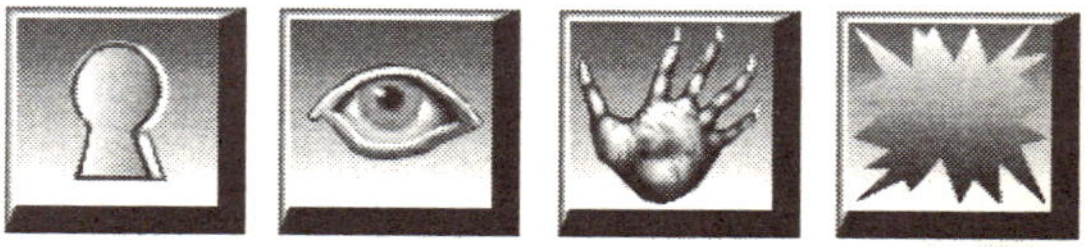

67

GROOOOOUWWRRR!

Le cri terrifiant du dinosaure fait tomber Marjorie, qui se retrouve **SPLASH!** assise dans l'eau verdâtre. Fou de rage, le tyrannosaure arrache, avec son immense gueule bordée de longues dents tranchantes, le tronc de l'arbre qui lui barrait la route. Figée de frayeur, Marjorie observe le monstre qui se rapproche.

Tu l'empoignes et vous vous mettez à courir en direction opposée. Le marais devient de plus en plus profond, si bien que vous devez vous mettre à nager jusqu'à un des nénuphars géants qui flottent à la surface au milieu de l'étendue d'eau.

En vous servant de lui comme d'un radeau et de vos mains comme rames, vous vous déplacez jusqu'au *chapitre 16.*

68

Cachés et bien à l'abri dans la grotte, vous attendez que le volcan se calme.

Les minutes passent, puis les heures. Marjorie fait des gribouillis avec un marqueur feutre sur les parois de la grotte.

«Qu'est-ce que tu es en train de faire? lui demande son frère. Si jamais tes dessins de robots et de soucoupes volantes franchissent les épreuves du temps, ils vont complètement mystifier les scientifiques modernes.

— Je m'en fiche complètement, tu sais, lui répond-elle. Je n'ai pas à me soucier d'une chose qui va se produire dans deux cents millions d'années. Ils n'auront qu'à s'en prendre à mon fossile, car c'est à peu près la seule trace qui va rester de moi dans le futur.

— Elle a raison, enchaînes-tu. Nous faisons quoi maintenant? On reste ici à vivre comme des hommes des cavernes?»

Jean-Christophe baisse la tête, incapable de te répondre. Pour les Téméraires de l'horreur, ça n'a jamais été aussi mal...

Le lendemain, constatant que le volcan est toujours actif, vous décidez d'explorer à fond la grotte. Vous découvrez dans une des galeries la carcasse rouillée d'un robot semblable à ceux qui vous ont zapilisés dans le temps. Vous fouillez les débris et vous y trouvez... UN PISTOLET-LASER!

«YA-OOOUUU!» criez-vous tous les trois.

Réglez le commutateur sur «voyage temporel» et zapilisez-vous tout de suite au chapitre 29, près de la maison des Bizarroïde...

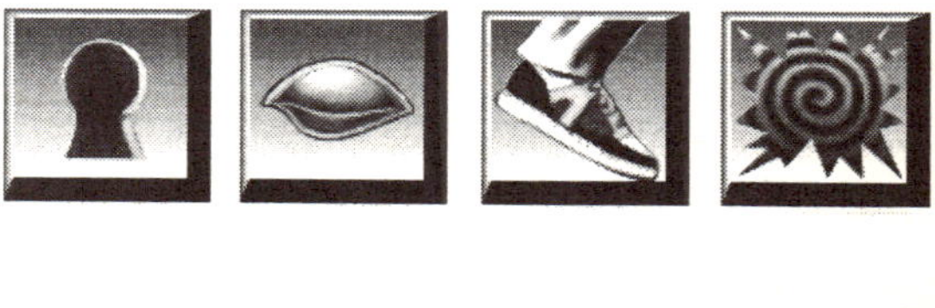

69

Tu te dis que ces monstres vous ont pris pour trois des leurs. Ils croient sans doute que nous sommes des monstres en costume d'humain, songes-tu. Alors il faut jouer le jeu si nous voulons rester en vie.

Vous vous assoyez. Tout de suite, le monstre aux plus longs tentacules, sans doute le chef ou quelque chose du genre, vous interroge sur les derniers développements du plan Gibo 14...

Ignorant totalement de quoi il s'agit, tu regardes Jean-Christophe, qui te lance des clins d'oeil d'encouragement pour t'inciter à lui répondre...

N'ayant pas d'autres choix, tu tentes de jouer le jeu :

«Le plan Gabou 17, euh Gibo 14, te reprends-tu, va bon train, votre laideur, euh, votre honneur. Nous avons réussi à manger cinq humains aujourd'hui, mais je suis sûr que demain... NOUS FERONS BEAUCOUP MIEUX!!!»

En colère, le chef des monstres se lève...

«BANDE D'INCAPABLES! hurle-t-il en gesticulant de tous ses tentacules. Il n'était nullement question de gastronomie dans le plan Gibo 14... Vous allez retourner tous les trois remplir votre mission. Hors de ma vue avant que je ne vous mange moi-même!»

Vous quittez la salle en trombe jusqu'au chapitre 10, où vous pourrez recommencer votre aventure. Cette fois-ci vous l'avez échappé belle...

70

Déçu de n'avoir pas pu trouver, tu te dis que, maintenant, tu n'as plus le choix... Tu te dois d'avertir les autorités... LA POLICE! Après tout, il s'agit bien là d'un enlèvement.

Tu te diriges d'un pas décidé vers la sortie. Arrivé tout près de la clôture, tu entres violemment en collision avec... ABSOLUMENT RIEN! Projeté par terre par l'impact brutal, tu te relèves, étourdi et confus. Tu sondes avec tes mains l'espace devant toi pour te rendre compte que ce «rien» est en fait un champ de force invisible qui te retient prisonnier. Impossible maintenant de sortir du domaine.

«O.K! te dis-tu. Je sais ce que je vais faire. Lorsque les Bizarroïde reviendront, je n'aurai qu'à m'expliquer avec eux. Peut-être qu'ils comprendront, essaies-tu de te convaincre. Malgré ce que les gens du quartier pensent, je crois que ce sont des gens très gentils et très... TERRE À TERRE!

FIN

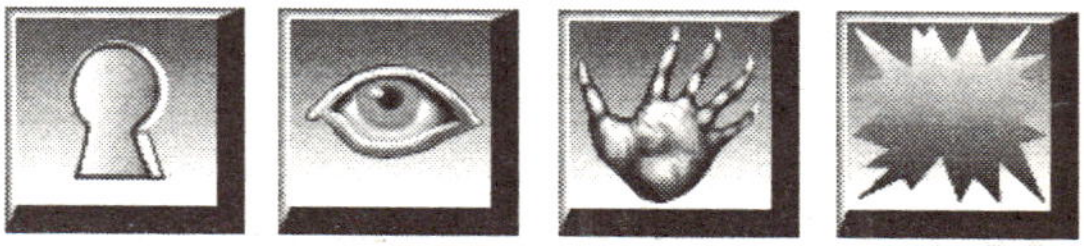

71

Vous êtes capturés tous les trois et enfermés dans une cage beaucoup plus bas, au quatorzième sous-sol.

Les heures passent, puis un autre monstre à tentacules s'approche de vous. Après t'avoir examiné de la tête aux pieds avec ses neuf yeux terrifiants, il passe sa langue jaune dégoutante sur ton visage. Ensuite, avant de repartir, il colle une étiquette au bas de la cage. Tu sors la tête entre deux barreaux pour voir ce qu'elle dit.

En grosses lettres, il y est écrit : COMESTIBLE.

FAIM

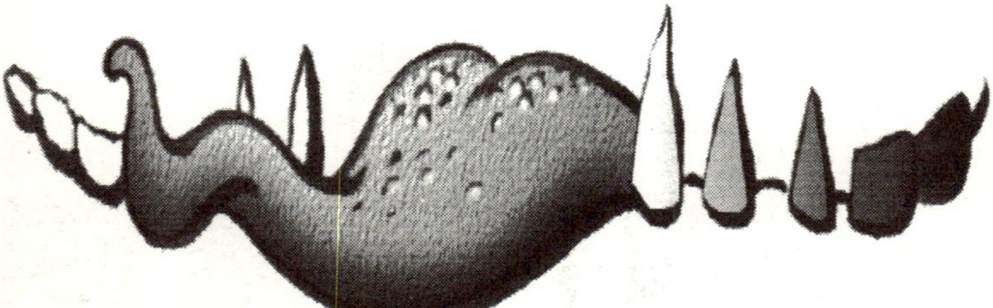

72

CELUI D'ALIEN BIZARROÏDE!

«ALIEN! crie-t-il. Alien Bizarroïde est un monstre déguisé EN HUMAIN. C'est la seule explication...

De la rue voisine, une auto-patrouille arrive rapidement, gyrophares allumés et tourbillonnants, **OOWEEOOWEEOO!** Tu bats des bras pour te faire voir des policiers. Malheureusement leur voiture poursuit sa route...

Marjorie se couche sur le sol et colle son oeil entre deux planches. Le monstre bouge ses tentacules et ouvre ses neuf yeux...

«LE MONSTRE SE RÉVEILLE!» hurle-t-elle, le visage en grimace.

Tu te frappes légèrement la tête sur une affiche collée au mur en te demandant ce que vous allez faire. Soudain, **VRRRRRRR!** la table glisse, et un passage secret creusé à même le tronc de l'arbre s'ouvre. Derrière l'affiche était caché le bouton du mécanisme d'ouverture.

Vous descendez rapidement jusqu'à un embranchement. Rendez-vous au chapitre inscrit sur la

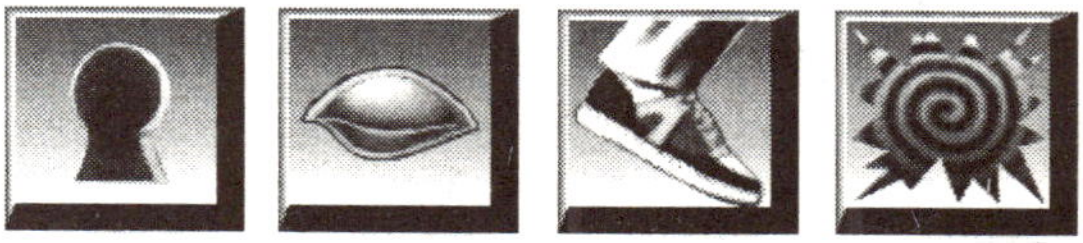

voie que vous aurez choisie...

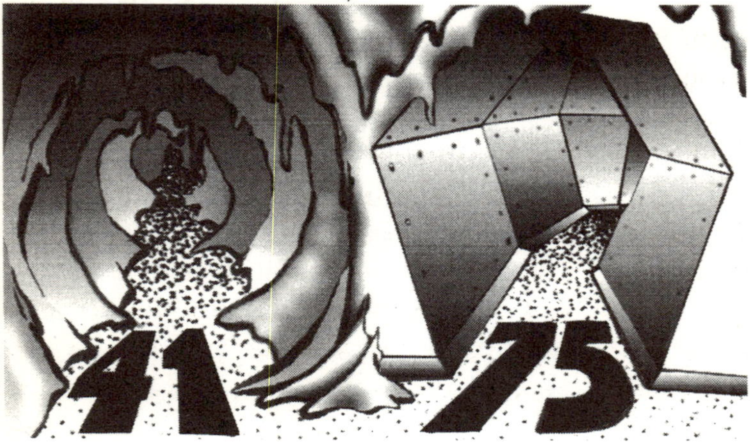

73

CHLIC! Tu pousses sur la trappe, qui s'ouvre. Vous pénétrez dans la cabane en vous assurant de bien refermer l'entrée.

Il fait plutôt noir. Tu ouvres ta petite lampe. Vous sursautez tous les trois en apercevant une série de masques étalés sur un des murs.

Des dizaines de masques à l'effigie des gens du quartier. Paul, l'épicier du coin, Jean-Marc, le boulanger, le facteur... TOUT LE MONDE! Tu t'approches et tu remarques qu'il y a même celui d'Alien Bizarroïde.

«Je ne comprends rien! souffles-tu, tout

déboussolé. C'est quoi cette histoire?

— Je ne le sais pas, mais j'ai l'impression que nous nous enfonçons profondément dans les sables mouvants du danger et que nous n'en ressortirons pas, marmonne Marjorie en examinant le méli-mélo de masques et de costumes.

— Rien à craindre, lui répond Jean-Christophe. Des monstres, on en a vu et on en a verra beaucoup d'autres.

— Non! il y a quelque chose de différent cette fois, s'inquiète-t-elle. Je ne crois pas que ayons à faire face cette fois-ci à de banals vampires, zombis ou fantômes. Il s'agit ici de créatures intelligentes, sans doute bourrées de mauvaises intentions. Voyez tous ces masques, ils servent à cacher beaucoup plus que des horribles visages de monstres, ils servent aussi à cacher un terrible secret, et c'est ce secret qui m'inquiète... QUI ME FAIT PEUR!»

Allez au chapitre 19.

74

L'écoutille est verrouillée. Tu reviens dans l'entrepont du galion.

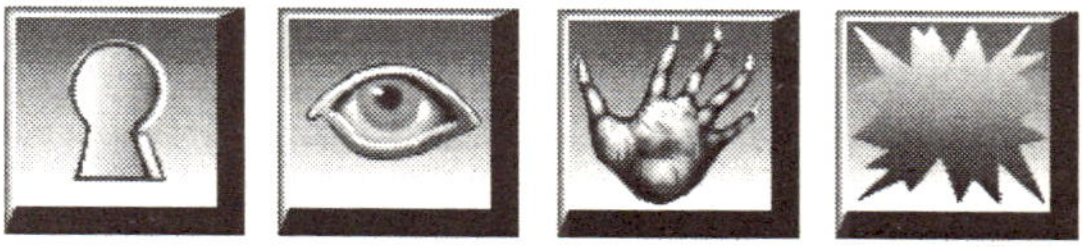

Plus haut sur le pont, la bataille fait rage et semble tourner à l'avantage des écumeurs de mers. Un pirate saute les marches de l'escalier, sabre à la main. Marjorie fait tournoyer le sien dans les airs puis se positionne en garde de face comme lui a appris son prof d'escrime à l'école. Le pirate ouvre sa bouche édentée et sourit, ne se doutant pas que Marjorie excelle dans le maniement du fleuret.

Le pirate attaque de front, Marjorie esquive l'assaut, effectue une feinte et arrache l'arme des mains du pirate. Le sabre virevolte dans les airs puis vient se planter sur le plancher entre ses pieds... **TCHOUC!**

Marjorie sourit...

«Bien joué, ma petite, lui dit-il, mais c'est inutile, le galion nous appartient et vous êtes encerclés...»

Une vingtaine de brigands vous entourent. Vous laissez tomber vos armes. Ils vous traînent jusqu'à la dunette où vous attend Moustache Bleue et le reste des pirates. Vous allez connaître un sort pire que la corde. Vous allez subir... LE SUPPLICE DE LA PLANCHE!

Les yeux bandés, ligotés l'un contre l'autre, vous serez forcés, par la pointe d'une épée, à sauter du bout d'une planche dans une mer infestée de requins...

FIN

75

Vous avez pris celui de droite, car, curieusement, il est construit tout de métal. Vous marchez longtemps avant d'apercevoir les caméras de surveillance qui vous épient.

«Quels que soient les propriétaires de ce bâtiment souterrain, affirme avec raison Jean-Christophe, ils savent maintenant que nous sommes ici.

— Mais où conduit ce passage? demande Marjorie. Dans la maison des Bizarroïde? Dans ce drôle d'astronef échoué?»

Tu lèves les épaules en signe d'ignorance.

Soudain, un champ de force se rabat sur vous et vous pousse devant une grande porte qui s'ouvre.

SSHHHHHHH!

Deux robots armés de mitraillettes-laser s'approchent de vous. Marjorie se met les mains devant les yeux...

«Ça y est! soupire-t-elle. TOUT EST FINI!

— NON... NON... dit un des robots d'une voix bien métallique. La réunion... vient de commencer. Les autres vous attendent...»

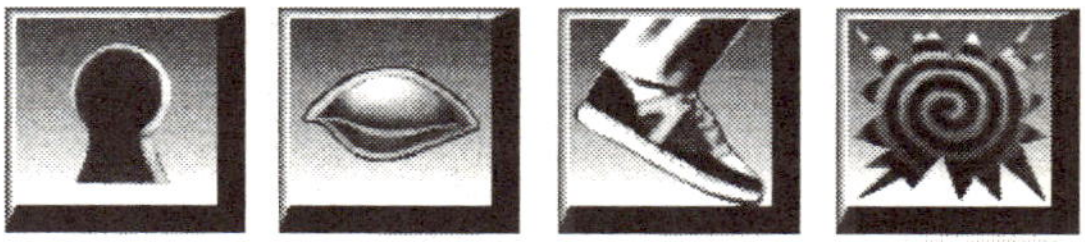

Vous entrez dans une salle. Sur un des murs, des écrans multiplient votre image. Au centre, assis autour d'une immense table de conférence, il y a... UNE VINGTAINE DE MONSTRES À TENTACULES! Et tout au bout de la table, trois fauteuils sont libres.

Allez y prendre place, au chapitre 69.

76

Le monstre s'approche dangereusement de Marjorie. Avec ton pied, tu lui écrases le bout du tentacule **BLAM!** Les neuf yeux du monstre se remplissent de larmes. Il dégringole ensuite jusqu'au pied de l'arbre et disparaît vers la maison en pleurant.

«C'est connu, tout le monde a un point faible, leur dis-tu, un talon d'Achille ou, si vous préférez, UN BOUT DE TENTACULE...

— Qu'est-ce qu'on fait maintenant? demande Marjorie.

— Je pense que nous trouverons toutes les réponses chez les Bizarroïde, soutient Jean-Christophe en examinant la maison par la fenêtre de la cabane.

— Tu as peut-être raison, lui avoues-tu. Il faut dire que c'est plutôt curieux, cet engin écrasé sur le toit.»

Vous descendez de la cabane dans l'arbre et vous vous dirigez d'un pas décidé vers la maison. Vous êtes à mi-chemin quand une porte s'ouvre. Deux monstres apparaissent. Un petit et un... TRÈS GRAND!

«SAPRISTI! lance Marjorie. Le monstre que nous avons réussi à faire fuir tantôt... EST ALLÉ CHERCHER SON GRAND FRÈRE!!!»

MAIS OÙ EST DONC LA SUITE? Ah oui! Au chapitre 79!

77

DANS QUELLE PIÈCE TES AMIS ONT-ILS ÉTÉ ENFERMÉS? Par rapport à l'illustration

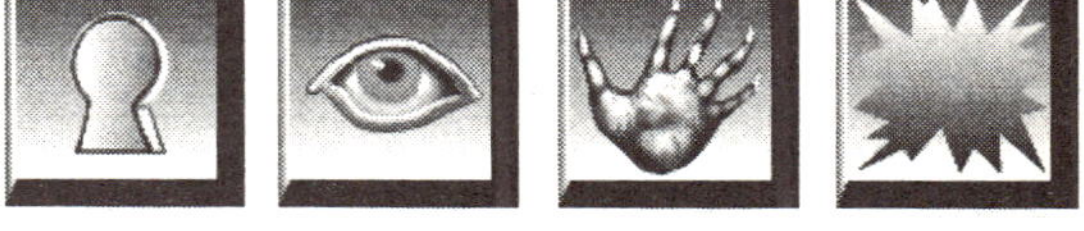

précédente, il y a sur celle-ci une pièce de plus qui est plongée dans la noirceur. Si tu réussis à savoir laquelle, tu pourras venir en aide à tes amis.

Si tu réussis à la trouver, rends-toi au chapitre 24. Par contre, si tu n'en as aucune idée, va au chapitre 70.

78

Tu fermes les yeux et tu tires partout sans regarder, **ZIOUM! ZIOUM! ZIOUM!** jusqu'à ce que **CLIC! CLIC!** tu vides complètement le chargeur de ton pistolet-laser.

Tu ouvres les yeux. Le monstre à tentacules n'est plus qu'un tas de bave verte bouillonnante. Les robots aussi ont leur compte. Avec ton arme, tu les as réduits en tas de ferrailles fumantes, secoués sporadiquement par des courts-circuits.

Jean-Christophe sort lentement la tête entre deux caisses. FIOU! fait-il avant de te sourire.

Encore prisonnière de la boîte, Marjorie bouge frénétiquement les jambes pour essayer de sortir.

Vous l'aidez à se dégager, puis vous vous rendez au chapitre 91.

79

En gesticulant, le plus petit monstre baragouine quelque chose dans l'antenne de son grand frère.

Le grand réagit mal, fronce ses neuf sourcils et arrive en trombe vers vous. Vous courez à toutes jambes jusqu'au garage et vous vous cachez tous les trois derrière le mur. Jean-Christophe sort la tête sur le côté...

«ILS S'EN VIENNENT! hurle-t-il. Vite, prenons ces vélos...»

Vous sautez sur ces drôles de bicyclettes munies de... TROIS PÉDALES!

«Trois pédales, s'étonne Marjorie. Vous avez

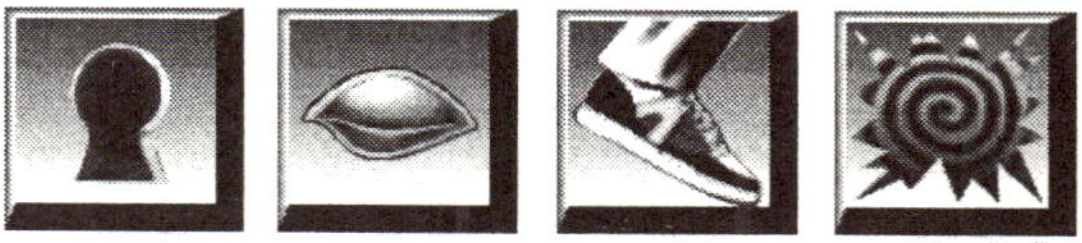

remarqué? Vous savez alors ce que ça signifie : trois pédales, trois jambes... LES BIZARROÏDE ONT TROIS JAMBES! Il est certain maintenant qu'il ne sont pas... HUMAINS!

Vous pédalez avec difficulté jusqu'au chapitre 10 afin de faire une autre tentative. Cette fois-ci, par contre, vous savez que la réponse à ce mystère ne se trouve pas dans la cabane dans l'arbre...

80

Tu gonfles tes muscles et te diriges en courant vers la sortie. Trois créatures clopinent à vive allure vers la porte et vous barrent la route. Tu appuies sur la gâchette de ton pistolet-laser, mais **CLIC!.. CLIC-CLIC-CLIC!** LA BATTERIE EST MORTE!

Une des créatures s'approche. De sa bouche immonde sort un chant étrange, qui parvient à vos oreilles. Tu te mets à penser à la mer, aux nuages, puis tes paupières s'alourdissent et tu t'endors...

Tu recouvres tes esprits beaucoup plus tard. Tu essaies de bouger, mais c'est impossible... TU ES COMPLÈTEMENT ENROULÉ DANS UN GROS COCON MAUVE. Tu tournes la tête. Tu n'es pas seul, il y a des milliers d'autres cocons autour de toi dans ce qui semble être la soute à bagages d'une soucoupe volante en route pour Soucoupia... LA PLANÈTE DES SOUCOUPIENS!

FIN

81

Tu l'as bien trouvé, car en le prenant dans tes mains, tu as senti que quelque chose bougeait à l'intérieur et qu'il s'agissait bien de celui qui était sur le point d'éclore.

Fier de toi, tu te diriges avec tes amis vers la porte en transportant le fragile oeuf comme s'il s'agissait du vieux vase en porcelaine de ta mère.

Rendus à l'extérieur du garage, à votre grand étonnement, vous êtes interpelés par deux robots d'un métal très brillant qui se tiennent au garde-à-vous à l'entrée. Sous la menace de leur mitraillette-laser, vous vous immobilisez...

«Qu'est-ce qui se passe? te demandes-tu. D'où sortent ces robots? »

Rendez-vous au chapitre 46.

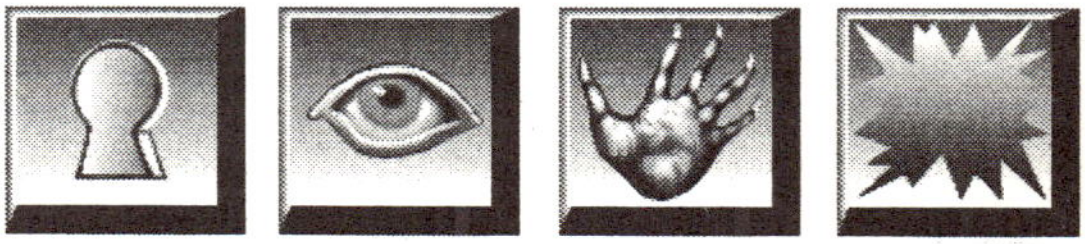

82

Vous vous retrouvez sur un galion espagnol rempli de trésors qui sera abordé par une horde de pirates et de flibustiers cruels. Comme les membres d'équipage du navire, vous devez vous aussi vous préparer à vendre chèrement votre peau. Parmi les marchandises entreposées dans la cale, il a un mousquet, un sabre et une hache d'abordage. Cherche bien sur cette illustration.

Si tu réussis à trouver les trois armes, montez sur le pont au chapitre 42 et préparez-vous pour la bataille.

Si, par contre, tu ne les trouves pas toutes les trois, allez au chapitre 48 et espérez que les écumeurs de mer vous laissent la vie sauve...

83

Tu pousses le levier vers la gauche. Tout de suite, le radar te signale un champ de gros astéroïdes droit devant. Tu tires le levier de commande vers la droite, mais, trop tard, **BRRAOUUM!** un astéroïde détruit tout ton système de navigation. Maintenant vous n'êtes plus qu'une épave dérivant dans l'espace infini. Désespéré, tu envoies un S.O.S.

Malheureusement la Terre est beaucoup trop éloignée pour répondre. Par contre, sur Soucoupia, on a capté votre message de détresse, et une flotte entière de Soucoupiens se pointe aussitôt le bout de la soucoupe...

FIN

84

Tu fronces les sourcils et avances prudemment vers l'entrée. Des bruits étranges se font entendre tout autour de vous. Puis, soudain, d'une seule rafale, **ZIOUM! ZIOUM! ZIOUM!** tu écartes de votre

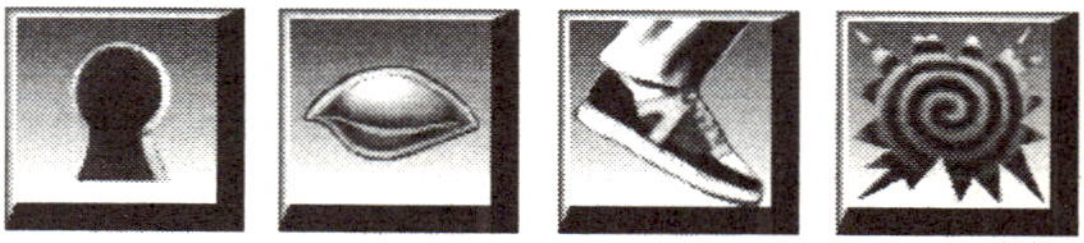

chemin quatre de ces horribles créatures qui émergeaient d'une boîte...

«Six moins quatre reste deux!» fait Jean-Christophe en te lançant un clin d'oeil.

Brusquement, une autre créature saute sur le pied de Jean-Christophe. TU TIRES! **ZIOOUUUM!** Ton coup atteint de plein fouet le monstre, qui se métamorphose en une crêpe de bave en ébullition.

Vigilant, tu ne cesses de scruter l'intérieur du garage jusqu'à ce que vous réussissiez à vous rendre à l'extérieur. Tu regardes Jean-Christophe, heureux d'être sorti du garage sans que le dernier bébé monstre ne se manifeste.

Tu te rends au chapitre 45 sans te rendre compte que tu as... LA DERNIÈRE CRÉATURE ACCROCHÉE DANS LE DOS!

85

Vous vous affaissez tous les trois sur le sol. Le rayon lumineux passe juste au-dessus de ta tête. Tu fais un bond prodigieux pour te remettre sur tes pieds. Les deux robots tirent une autre salve, **ZIOUM! ZIOUM! ZIOUM!**

Vous contournez le garage qui, frappé par les rafales des mitraillettes-laser, s'effondre dans une violente explosion **BRAAAOOOUMM!** Un nuage de poussière envahit tout le quartier. Impossible de trouver votre chemin au travers de ce nuage opaque.

Un appareil sillonne le ciel avec un phare allumé...

«UN HÉLICOPTÈRE DE LA POLICE! hurle Jean-Christophe en toussant, NOUS SOMMES SAUVÉS...»

Vous vous approchez de la lueur afin d'être vus. Mais à peine êtes-vous entrés dans le faisceau de lumière que vos pieds quittent le sol et que vous vous sentez soulevés, puis aspirés. Tu te rends compte trop tard qu'il s'agit non pas d'un hélicoptère de la police, mais d'un engin spatial venu d'un autre monde. Tu cherches désespérément à t'agripper à un arbre, mais en vain, vous êtes aspirés tour à tour à l'intérieur de la SOUCOUPE VOLANTE des robots.

FIN

86

La porte s'ouvre, vous vous projetez dans l'ascenseur, qui se referme. Vous cherchez sur le mur : il n'y a aucun panneau de contrôle ni bouton. Soudain, une lumière aveuglante balaie la cabine de gauche à droite puis de droite à gauche **ZZZZZZZ!**

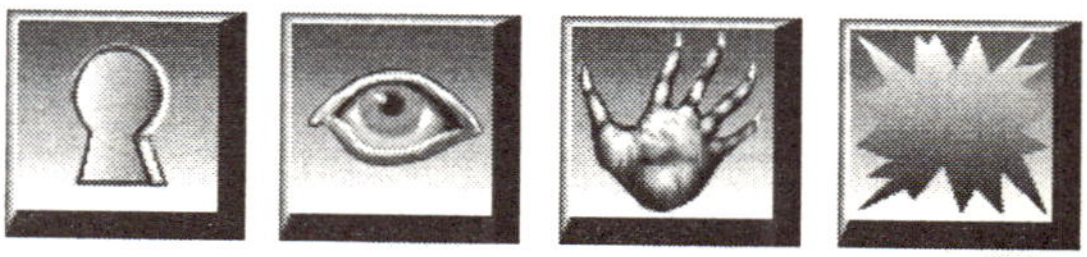

ZZZZZZ!

La porte s'ouvre à nouveau, vous sortez et arrivez face à face avec... VOUS-MÊMES! Trois autres personnes IDENTIQUES à vous se tiennent devant l'ascenseur en se demandant bien elles aussi ce qui se passe...

Tu te tournes vers l'ascenseur pour te rendre compte qu'il s'agit non pas d'un ascenseur, mais d'un appareil à fabriquer... DES CLONES! Un espèce de «photocopieur d'humains»...

Qu'allez-vous faire maintenant que les Téméraires de l'horreur sont... SIX?

FIN

87

Vous essayez de déchiffrer les signes, mais en vain.

«On dirait un alphabet d'un autre monde, suppose Marjorie. C'est tout à fait incompréhensible.»

Au pied de l'arbre, le monstre revient lentement à lui. Il bouge sa repoussante tête, ouvre ses neuf yeux l'un après l'autre, déroule ses longs tentacules... ET VOUS ATTRAPE!

Vous êtes traînés jusqu'à l'intérieur de l'astronef écrasé sur la maison des Bizarroïde. Attachés tous les trois dans un laboratoire, vous découvrez que ce monstre est en fait un extra-terrestre de la planète

Soucoupia... UN SOUCOUPIEN!

Un Soucoupien venu pratiquer d'horribles expériences sur quelques Terriens cobayes... VOUS!

FIN

88

GROOOOOOWW!

La répugnante tête d'un tyrannosaure glisse entre deux grands arbres...

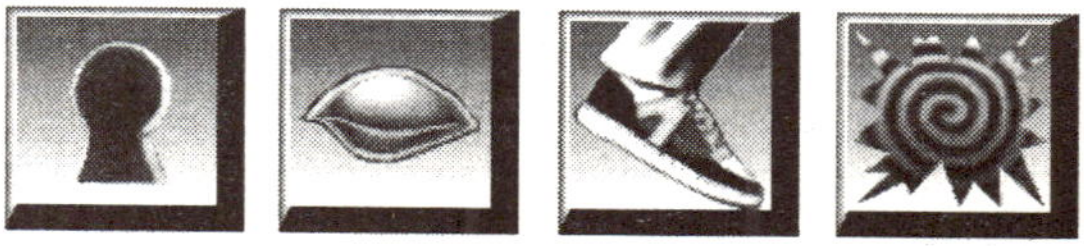

OÙ EST-IL? Tu dois absolument le trouver.

Cherche bien sur cette illustration. Si tu le trouves caché parmi le feuillage, rends-toi au chapitre 67.

Si, par contre, tu ne réussis pas à le dénicher, va au chapitre 49.

89

Incapable d'atteindre le premier échelon, Marjorie sautille au-dessous de l'échelle. Tu dois l'aider pour qu'elle puisse l'atteindre et monter la première. Suivi de Jean-Christophe, tu grimpes toi aussi jusqu'à l'écoutille. Là, tu presses sur le bouton rouge situé tout près d'un petit écran en espérant actionner le mécanisme d'ouverture de l'écoutille. Mais plutôt, **DRIIING!** une sonnerie se fait entendre et le visage d'un robot apparaît sur l'écran. Surpris, tu lèves un sourcil...

«QUI EST-LÀ?» demande le robot d'une voix éraillée.

Tu regardes Marjorie en haussant les épaules.

«Répond-lui, te presse-t-elle, allez! dis n'importe quoi...»

Plusieurs secondes s'écoulent avant que tu daignes répondre, tout hésitant : «Eh bien... Euh... je suis le livreur de pizza!»

Découragée, Marjorie se prend la tête entre les mains. La silhouette métallique du robot disparaît de l'écran, puis réapparaît...

«C'est bien le mot de passe, accepte finalement le robot. Vous pouvez entrer..»

ZZZZZ! la porte coulissante glisse et s'ouvre.

VEINARD! Ton aventure se poursuit au chapitre 34.

90

Vous réussissez à gagner la rive. À peine posez-vous le pied sur le sol que la terre se met à trembler.

BBRRRRRRRRRR!

«IL VA ENTRER EN ÉRUPTION! crie Jean-Christophe à tue-tête.

— T'as raison, lui réponds-tu. Il faut partir d'ici.»

Tandis que vous cherchez un endroit pour vous abriter, une violente explosion secoue toute la vallée. **BRRRROOOOUUUUUMMMM!** Le volcan crache une pluie de petites pierres puis vomit une rivière de lave rougeâtre qui brûle tout sur son passage. Des gouffres fumants s'ouvrent un peu partout autour de vous. Fissuré, le sol ressemble à un gros puzzle auquel il manque des morceaux.

Un arbre enflammé s'écrase, vous l'évitez en

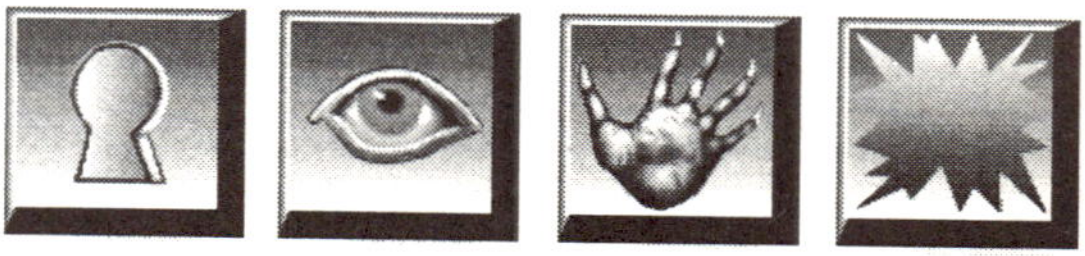

sautant sur une autre partie du sol qui se met tout de suite à vaciller et à s'enfoncer. Vous vous accrochez à une grosse roche. Le sol se dérobe sous vos pieds puis disparaît dans les profondeurs embrasées de la terre. Suspendus dans le vide, vous vous hissez sur la terre ferme.

Vous courez jusqu'au chapitre 68, où une grotte vous offre un abri temporaire : vous pourrez y attendre une accalmie.

91

Enfin, vous prenez l'ascenseur jusqu'au niveau 2. La porte s'ouvre...

«Encore des boîtes et des caisses! constate Jean-Christophe. Allons voir plus bas.»

«NIVEAU 3», indique le panneau afficheur. La porte s'ouvre à nouveau... Encore une fois, il n'y a que des boîtes et des caisses de bois. Vous faites systématiquement chacun des douze niveaux pour finalement conclure que cet endroit est un immense dépôt d'armes venues d'une autre galaxie...

À qui et à quoi serviront tous ces pistolets-laser?.. À UNE INVASION?

Retournez au chapitre 10 et ne vous découragez pas. Vous finirez bien par trouver ce qui se trame ici...

92

Tu presses sur le bouton, et la porte glisse vers la droite. Trois robots cybernétiques apparaissent, canon-phaseur entre les pinces.

Vous disparaissez entre les caisses de bois. Les robots vaporisent le sous-sol de rayons lasers. **ZIOUM! ZIOUM! ZIOUM!** Une grosse caisse explose et se vide de son contenu... UNE MULTITUDE D'ARMES JONCHENT LE PLANCHER! La fumée et la poussière envahissent la pièce...

Quelques secondes plus tard, tout se dissipe. Debout tous les trois, pistolet-laser à la ceinture, vous confrontez les robots...

«Cette planète est trop petite pour nous tous, espèce d'ouvre-boîtes à la manque, leur lances-tu d'un air menaçant. C'EST UN DUEL! Préparez-vous, NOUS ALLONS VOUS FAIRE SAUTER LES TRANSISTORS!

— Je compte jusqu'à trois, rugit Jean-Christophe. Un, deux... TROIS!»

Allez au chapitre 94.

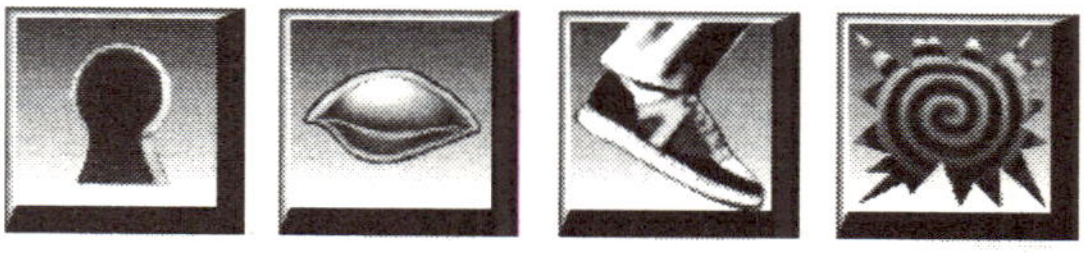

93

Tu ouvres les yeux. Des caisses de bois et des contenants en matière plastique sont empilés partout. Tu te rends compte que, malheureusement, en appuyant sur le bouton, Marjorie vous a enfoncés encore plus profondément dans le vaisseau des Soucoupiens.

«BRAVO! C'est le compartiment à fret de la soucoupe volante, lui dis-tu. Nous sommes encore plus loin de la sortie maintenant...

— Aucun problème! dit-elle en étirant le bras vers un autre bouton.

— ATTENDS!» l'arrêtes-tu, en constatant que les Soucoupiens ont aussi entreposé tout au fond de cette sinistre soute à bagages ... DES DIZAINES DE TERRIENS!

Vous vous dirigez vers les grands contenants de verre dans lesquels plusieurs humains sont tenus en état de sommeil dans un curieux liquide mauve.

«Il faut les délivrer tous, TOUS! insiste Marjorie, horrifiée. Réfléchis! te dit-elle. Il faut à tout prix que tu trouves un façon de sortir tout le monde de cet endroit de malheur.

— Je crois avoir un plan! fais-tu après quelques secondes. Regardez, c'est un modulateur corporel, comme celui que les Bizarroïde ont utilisé plus tôt. Si cette machine peut transformer les Soucoupiens en Terriens, elle peut aussi faire l'inverse, c'est à dire TRANSFORMER UN TERRIEN EN SOUCOUPIEN!

— Je ne suis pas volontaire! grommelle Marjorie. J'ai déjà donné... Rappelle-toi que j'ai servi d'appât aux mutants-garous. Alors, c'est à ton tour!

— D'accord! aquiesces-tu sur un ton résigné. C'est mon idée, alors c'est moi qui le ferai. Transformé en Soucoupien, je pourrai facilement contrecarrer leur projet d'invasion.

— Ce plan est trop dangereux, s'oppose Jean-Christophe, trouvons autre chose.

— Je n'ai plus d'autres idées, moi, lui fais-tu comprendre. Je ne crois pas qu'il y ait d'autres solutions. Occupez-vous des prisonniers. Une fois que tout le monde sera sorti d'ici, vous avertirez la police.»

Tu rassembles tout ton courage, tu fermes les yeux et tu entres dans le modulateur... La lumière est aveuglante. Tu sens déjà ton corps changer. Tes bras se changent en tentacules gluants. Tes yeux se multiplient, tu en as maintenant neuf. Le bourdonnement assourdissant de la machine cesse...

La fumée se dégage et tu avances vers tes amis.

«Et pu-uis, bafouilles-tu. Qu'est-ce-ce que vous en pen-pensez?

— En un mot... BEURK! te répond Marjorie. Tu es tout simplement répugnant.

— C'est pas facile de pa-parler avec trois langues dans la bouche, leur dis-tu. Il est temps de pa-passer à l'action.»

Tu entres dans le téléfracteur. Juste au moment

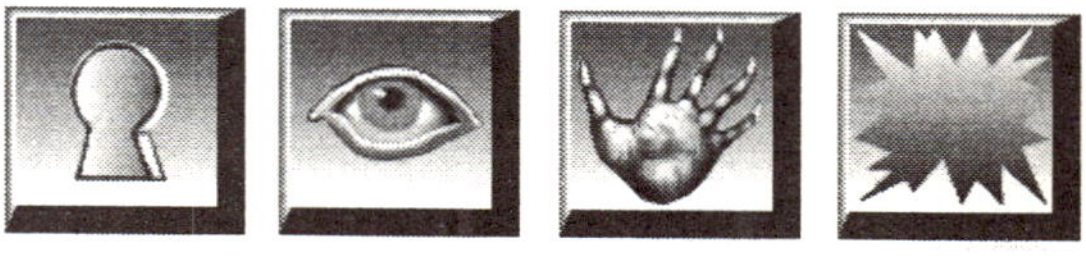

où tu t'apprêtes à presser sur un bouton au hasard, tu remarques que les signes qui étaient tantôt incompréhensibles sont maintenant pour toi tout à fait clairs. C'est sans doute à cause de tous ces yeux... Un de ces boutons indique «Passerelle de commande». Tu appuies dessus...

Tout seul, tu es téléfracté au chapitre 95.

94

Tu dégaines le premier et tu tires **ZIOOUUUM!** Le rayon touche un des robots, qui s'effondre sur le plancher dans une masse de métal bouillonnant. Le deuxième robot fait feu vers Marjorie. Elle réussit à éviter le rayon, mais en reculant, elle tombe et s'engouffre dans une boîte, incapable de se relever. Le robot avance vers elle et pointe son phaseur sur le bout de son nez.

Jean-Christophe dégaine, mais **ZIOOUUUM!** il se fait aussitôt arracher son pistolet-laser par un tir précis du troisième robot.

À l'instant où tu t'apprêtes à venir en aide à tes amis, le monstre jaillit subitement de la caisse et lance ses tentacules gluants vers toi. VA-T-IL T'ATTRAPER?

Pour le savoir, ferme les yeux et TOURNE LES PAGES DU DESTIN.

Si par malheur il réussit à t'attraper, tu te retrouves au chapitre 71.
Si par chance tu as pu t'enfuir, va au chapitre 78.

95

Tu es téléfracté au pont supérieur du vaisseau. Le poste de commande de toute la flotte est sous une gigantesque bulle de verre et permet au roi des Soucoupiens et à son état-major de contrôler toutes les opérations.

Un gardien robot t'a aperçu. Il s'approche du roi et lui murmure quelque chose dans une de ses antennes... LE ROI SE TOURNE VERS TOI!

«Viens, mon enfant, te dit-il, à ta grande surprise. Assieds-toi près de ton père et regarde comment je fais pour envahir une aussi ridicule petite planète. Apprends, mon fils, car un jour c'est toi qui commanderas cette armée.»

Surpris de voir que le roi te prend pour son enfant, tu te dis que si tu veux réussir à déjouer les

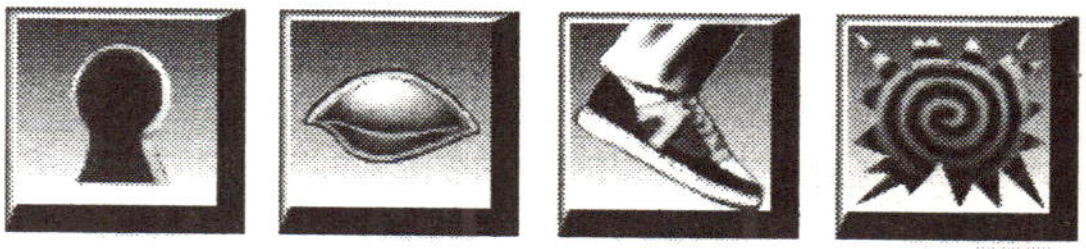

Soucoupiens, tu te dois justement de... JOUER LE JEU. Tu prends donc place dans un petit fauteuil près du roi.

Devant toi, un Soucoupien coiffé d'un casque d'écoute et d'un micro transmet les commandements du roi aux autres vaisseaux. Tout près de lui, il y a le levier qui sert à actionner l'auto-destruction de toute la flotte. Mais malheur... IL EST TROP LOIN POUR QUE TU PUISSES L'ATTEINDRE!

Le roi est sur le point de donner le signal du début de l'attaque... IL SOULÈVE UN TENTACULE!

«OUI! te rappelles-tu soudainement. C'est vrai! Je suis un Soucoupien... Moi aussi j'ai des tentacules.

Tu déroules rapidement ton tentacule le plus long vers le levier d'auto-destruction et tu tires dessus de toutes tes forces. **CRIIIIC!** Tout de suite, une voix provenant des haut-parleurs annonce qu'il ne reste que quatre milliards de blipus avant l'anéantissement total de la flotte. Étant toi-même un Soucoupien, tu réalises que quatre milliards de blipus équivalent à environ... CINQUANTE SECONDES SUR TERRE!

«Il faut que je sorte d'ici au plus vite, te dis-tu. Mais avant, je dois à tout prix retrouver ma forme normale. Je ne peux pas rester ainsi.»

Tu réussis à te frayer un chemin entre les Soucoupiens paniqués et les robots stoïques jusqu'au téléfracteur puis jusqu'à la soute à bagages. La soucoupe volante vibre sous de violentes secousses. **BBRRRRRRR!** Tu t'installes dans le modulateur corporel...

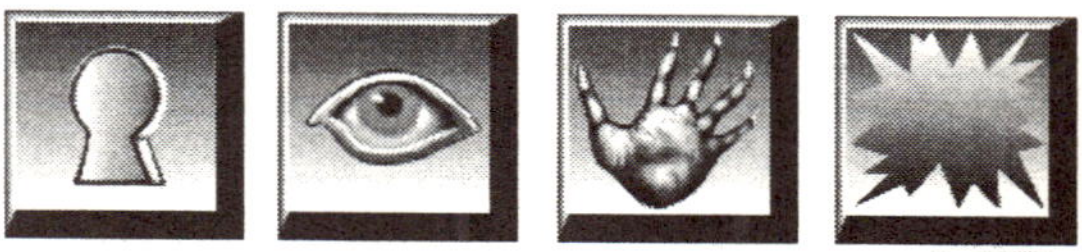

À l'extérieur, Marjorie et Jean-Christophe, entourés des personnes qu'ils ont libérées, observent les vaisseaux spatiaux décoller tour à tour et exploser dans l'espace... LA TERRE EST SAUVÉE!

La tristesse envahit tes amis...

La poussière se dissipe et tu apparais, vêtements déchirés, mais souriant. Tes amis accourent...

«C'est incroyable! te lance Jean-Christophe, TU AS RÉUSSI!!!

— Nous avons réussi TOUS LES TROIS! le reprends-tu.

— Dis-moi, te demande Marjorie. C'était comment quand t'étais Soucoupien?

— C'était super! lui réponds-tu. Tu devrais essayer... Avec ces longs tentacules, tu peux te gratter dans le dos à des endroits impossible à atteindre avec tes bras...

BRAVO!

Tu as réussi à terminer le livre...

Les Gluants de l'espace.

UN MOT SUR L'AUTEUR

Dès sa plus tendre enfance, Richard Petit se passionne déjà pour les histoires d'épouvante. À l'âge de 12 ans, il réalise un film d'horreur avec ses amis. Une cape de vampire dans le placard, un cercueil de carton dans le garage, une caisse de fausses toiles d'araignées, et la maison de campagne se transforme soudain en chateau lugubre. Même si tout cela n'est que du cinéma amateur, pour son entourage, cela semble beaucoup trop réel.

Même aujourd'hui, il n'a pas changé. Alors imaginez, lorsque l'occasion s'offre à lui de créer ses propres histoires, avec ses propres images, il s'en empare comme le ferait un loup-garou de sa victime, un soir de pleine lune.

Des aventures débordantes d'action, des intrigues palpitantes qui se développent au gré de l'interaction des lecteurs et lectrices de tout âge, voilà ce que vous propose ce passionné qui a su garder son coeur d'enfant.

Richard Petit est né à Montréal, en 1958.

DANS LA MÊME COLLECTION

1. Perdu dans le manoir Raidemort
Isbn : 155225027X

2. Le prof cannibale
Isbn : 1552250288

3. La pleine lune des mutants-garous
Isbn : 1552250296

4. Le cirque du Docteur Vampire
Isbn : 155225030X

5. La momie du pharaon Dhéb-ile
Isbn : 1552250318

6. Les gluants de l'espace.
Isbn : 1552250326